股海明灯
量形实战解码

吴振锋◎著

中国书籍出版社

序

"截断亏损，让利润奔跑！"在股市征战当中，就实战而言，鲜有书籍能够诠释这个理念，要么过于"宏观"，要么就太过"微观"了。而对于很多股市新手驰骋股市而言，这似乎是要亟待解决的问题。

我之所以推荐吴振锋先生的《量形实战解码》一书，是因为我对股市最深切的体会是股市实战不光要懂得"量柱选股、量线选价、量波选势"三量一体，而且成交量和股价形态的配合同样至关重要，在这一点上，吴振锋先生做到了。虽然我不敢说《量形实战解码》为"上帝箴言"，但是对于任何一个想在股市获得持续收益的人而言，如果一本书能让自己产生实战灵感，拓展自己的实战思维，那么我们就会觉得这本书很不错。

在股市实战研究当中，我们发现，有很多投资者过分追求股价形态，忽略成交量的变化，而往往使自己在买和卖之间错失20%甚至更多的盈利空间；同样，如果过分追求成交量的变化，忽略股价形态，又往往会使自己顾此失彼，导致"一叶障目"。而本书最大的特点就是将"量柱、量线、量波"与"股价形态"进行了实战升华，从而解决了以上实战短板。

在量学理论的研究方面，吴振锋先生有自己独到的见解，出版的《量波抓涨停》也得到了广大交易者的一致好评。而在其研究成果《量形实战解码》当中，其整个实战思维框架注重"量学+形态"的实战融合，靠量"证（验证）"形，靠形"判（判断）"量，相辅相成，在研判主力操盘意图、规避主力骗线方面更显技高一等。我们常说，趋势不对，宁可错过，绝不做错；趋势来临，相信趋势，尊重趋势，跟随趋势，择时而入，从而使投资者在实战中逐渐形成自己的赢利模式。

股海横流，顺道者昌。市场之上，即便是老股民，如果缺少技术和成熟的投资心态，投资风险就大了不少，最终离不开"七亏两平一赚"的定律，仔细想来，无外乎学习和实战操作本末倒置了！很显然，要想实现股市中的持续获利，智者学有一套成功的获利法则，但往往很多交易者从入市之初就忽略了这一点。相信交易者通过阅读《量形实战解码》一书，能够学到赢利的技巧。从理论上更好地武装自己，从而在股市中取得先机。

《六韬·军势》曰："夫先胜者，先见弱於敌而后战者也。故事半而功倍。"意为只用一半的功夫，而收到加倍的功效，形容用力小而收效大。所以，正确的理论、实战的可操作性是使理论生命力得以延续的前提，吴振锋先生不仅注重在"量形"理论方面的深入研究，实战方面也收获颇丰，2015上半年，他带领大家实战狙击了世联行、奋达科技以及永艺股份、雅致股份等多个牛股，实战之前不光提出了介入起涨点位置，更为难得的是对获利目标也进行了提前研判，结果可谓精准，多次被投资者誉为"神一样的操作"。

要想成为一名出色的交易人员，必须有与理论配套的一套得心应手的交易系统，这也是交易成功的秘诀之一。吴振锋先生深谙其中的道理，在继《量线出击》《量波抓涨停》出版之后，与之对应配套了《飞毛腿》辅助工具，从2009年推广量学理论至今，技术日趋成熟。《量形实战解码》一书紧扣了股市实战运行的脉搏，力争把交易者打造成真正具有实战获利能力的高手！

有人说，时钟每到子夜，都会归零，新的一天就会开始。所以，人生也像时钟，也要经常归零，只有归零，才会有新的突破，才会有新的辉煌。希望通过本书的学习，各位交易者能够破茧成蝶，在股市投资当中真正拥有自己的一片天。那么，接下来我们要做的，就是抓紧付诸行动。

买它。

读它。

赚大钱，赚快钱！

2016年1月1号

前 言
知行合一，持续获利

我国西汉著名史学家、文学家司马迁在《史记》中写道："天下熙熙，皆为利来；天下攘攘，皆为利往。"但凡进入股市之人，皆为利益而来。而股票市场又是一个没有硝烟的战场，大多进入市场之人只看到市场带来的暴利诱惑，忽视风险，最终却成为被主力机构所绞杀的对象。要知道，"打铁还需自身硬，绣花要得手绵巧"，散户投资者想要在市场当中持续获利，必须在技术和心态上加以修炼，方能提高股市实战胜率。具体说来，要注意以下几个方面。

一、对投资结果负全责，方能从中吸取教训

第一，必须对自己进行很好的评估，投资前先问一下自己"能允许自己亏多少"。要知道，投资出现一定的亏损是很正常的，但是即使发生了亏损，也要弄明白怎样做才能改进自己的表现，重新审视对自身的看法。

第二，如果想在股市投资成功，投资者必须先假设自己是一名成功的交易人员，才会在具体操作时严格按照交易人员的准则要求自己。当然，想得到收益，就必须付出艰辛和努力。

二、进行自我研究，不要让个人问题妨碍交易

找出自己亏损的原因所在。究竟谁是罪魁祸首？如果您的答案是其他外在因素（如市场、家人压力等），说明您不敢面对投资结果，对结果不敢负全责，那么您必将还会重蹈覆辙。只有意识到问题的根源在自身，才会使自己的投资生涯开始发生转折。

三、尊重规律，股市也不例外

在股市当中，找出其中的内在运行规律、尊重规律，这才是成功的起点。股票就是确定性和不确定性的统一，在确定趋势的前提下，要顺势而为。比如，如果通过趋势研判是调整，那么回调就是主基调，途中的反弹就是次要的，也就没有必要非要在回调的波段中试图盈利。所以，顺势而为是使投资获利的最有效、最稳定的方法。因此，只有掌握股市的内在运行规律，才能让我们立于不败之地。

四、知行合一，方能持续获利

炒股真的很难吗？一直以来很多人在问这个问题。其实，所谓的炒股之难，不在炒股本身，而在于交易者在认知上和行动上的脱节。理论上说一套，而实际操作起来又是另外一套，这样的人往往就是那些亏钱的人。说不难，您只需要做到知行合一就可以了。知行合一是成为顶尖高手的关键，该买就买，不必犹豫；当卖就卖，别舍不得。需要割肉就一刀砍下去，应该止盈就立即清仓。学会了干脆利索、坚决果断地进行操作，那么，您就离成功越来越近，实现持续获利也就不是什么难事了。

本书以"量形"理论为基础（可参考作者前期作品《量线出击》

《量波抓涨停》），从狙击牛股"赚快钱"的角度进行系统解码，旨在将股市的内在运行规律以及快速实战获利技巧奉献给读者。本书共分七章，各章主要内容如下。

第一章 "牛股的三大加速形态"。不管是在牛市还是熊市环境下，总会有很多个股走出连续拉升的劲爆主升浪行情，使股价在短短时间内翻三倍、四倍，甚至更多，本章深入揭秘牛股加速的三大形态特征，从而让牛股身影无处遁形。

第二章 "牛股量形实战技法"。从"量形"理论入手，以庖丁解牛的方式深入剖析各套实战技法的形成机理，揭秘个股主升基因，让读者深入理解并系统感受"厚积薄发"的神秘力量，从而轻松掌握运用牛股量战法快速获利的实战精髓。

第三章 "量形理论与实战分析"。支撑区间和阻力区间是最重要的股价形态，而借助量线可以精准预判支撑区间和阻力区间。通过本章的学习，为读者拨开"买进就跌，卖出就涨"的迷雾，实战择股变得更加有"迹"可循。

第四章 "止盈止损的最高境界"。止损的目的是回避风险，而股市投资的最终目的是趋利，这两者的关系好似足球中的防守与进攻，唯有全攻全守，方能决胜沙场。本章运用量形理论，详细阐述了面对"雷区"的实战应对技巧，进而让交易者打消"幻想"，明白操盘纪律更重要。

第五章 "我是如何翻倍的"。仅有专业知识在股市实战当中显然还是不够的。当我们发现自己空有一肚子学问，但是在股市当中还是一无斩获的时候，或许就是把知识学死了。本章就一些实战案例入手，使读者仔细体会和深切感悟实战技巧，以理论为参照，培养自身实战盘感，引领投资者实现大赚大盈之路。

第六章 "打造自己的交易系统"。我们常说"股场如道场"，人性潜在的贪欲和放纵往往使自己在股市操作中失去理性和节制，也许在一败涂地之后才会发现，股票的成功之难，就难在不能知行合一，成败之间只隔一线天，但就是差这么一点，完全决定了生死两重天。经验表明，出色的交易人员往往都有自己一套适合自己的交易系统。

第七章 "与量形作者面对面"。"路漫漫其修远兮，吾将上下而求索"，相信身边不乏交易者购买了大量股票书籍，读起来两眼兴奋，但是干起来却一脸茫然，亏钱之后，开始埋怨上天的不公，质疑理论的可靠性，这无外乎学习不得其法而已。"闻道有先后，术业有专攻"，那么您是否曾想过将图书的作者或书中的人物请入您的生活，现场翻阅这本"真人版"图书呢？或许面对面地沟通更能让您及时纠正自身理解上的偏差，从而受益无穷呢！

有心的朋友可能会发现，《量线出击》书中注重量柱、量线理论的实战融合，《量波抓涨停》则是突出了"量波看势"的重要性，而本书则是将量学理论进行了实战升华，通过本书的学习，可以使交易者系统地理顺并掌握股市实战思路，发现自身实战误区，从而建立自身股市稳定赢利的获利模式。

本书最值得称道之处是将量形理论和实战进行了有效融合。交易者可以通过对该书的学习，不断汇总、探索和实践，进而感悟并吃透量形理论的实战精要，找到一条适合自己的路，避免被这个脾气暴戾的市场所吞噬。

书中罗列的大量典型实例，从理论层面和实战层面进行深入剖析，都是非常直观的、富于启发性的，对交易者理解盘面、提高实战能力有极大帮助。所谓"师傅领进门，修行在个人"，只有当您把本书视为金玉良言，坚持不懈地勤奋实践，方能朝着财富的金殿疾步前行，从而使自己真正能在短时间内获得开启股市成功之门的一把智慧钥匙。

2016年1月1号于清华园

目 录

第一章　牛股的三大加速形态

第二章　牛股量形实战技法
  第一节　量形理论之"黄金仓"战法 …………………… 19
  第二节　量形理论之"抖米袋"战法 …………………… 34
  第三节　量形理论之"一柱一线一波"战法 …………… 40
  第四节　量线理论之"涨停脉冲"战法 ………………… 46
  第五节　实战案例分析 …………………………………… 61

第三章　量形理论与实战分析
  第一节　量形理论之"量线"元素构成 ………………… 77
  第二节　量形理论实战分析 ……………………………… 88
  第三节　放大股市赚钱效应 ……………………………… 94

第四章　止盈止损的最高境界
  第一节　量形理论与止损止盈策略 ……………………… 101
  第二节　止损止盈的最高境界 …………………………… 105

第五章 我是如何翻倍的

　　第一节　狙击翻倍牛股实战案例1 ················ 112

　　第二节　狙击翻倍牛股实战案例2 ················ 124

第六章 打造自己的交易系统

　　第一节　量形选股的三大策略 ·················· 133

　　第二节　量形狙龙头的三大法则 ················ 135

　　第三节　建立自己的交易系统 ·················· 141

　　第四节　执行操盘纪律 ························ 147

第七章 与量形作者面对面

读者点评

后　记

第一章

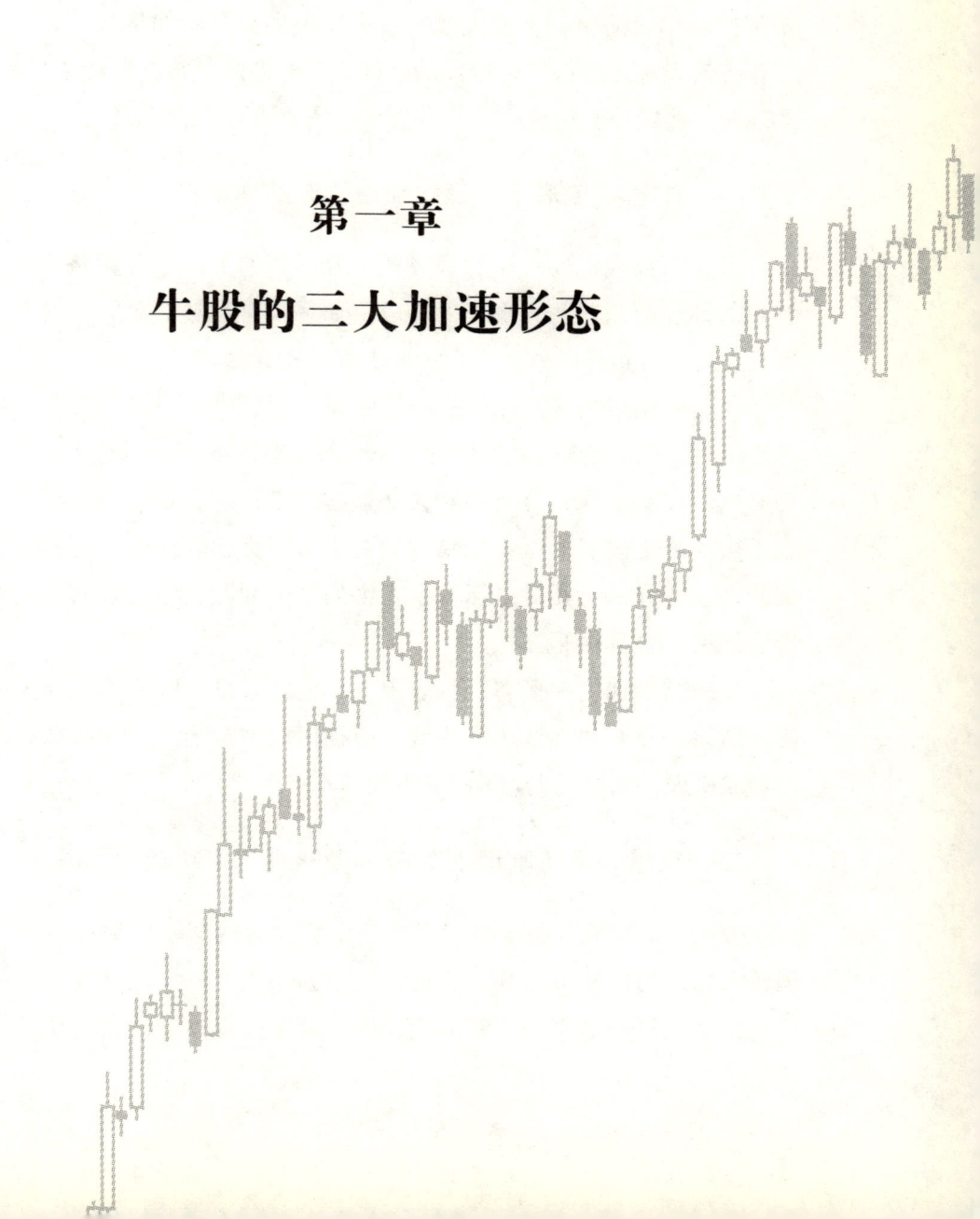

牛股的三大加速形态

每一轮牛市都必然会带来巨大的机会，纵观A股市场，"牛短熊长"，快速赚钱效应往往是转瞬即逝的，把握好不但可以弥补过去的亏损，还能真正实现大幅赢利。

"我只是一名普通的投资者，请告诉我怎样才能大赚一笔，而且希望说的尽量简单，不要太过复杂。"很多投资者如是说。那么，如何在行情来临之际把握好赚钱的"良机"？如何引领投资者在A股市场实现赚"快钱"？这就成了众多股市交易者关心的话题。

一、吃透"量形"，理解加速拉升的本质

通过研究我们发现，股票加速上升形态的形成，是各路资金集中意志的体现。而这些大形态的形成，如果没有足够的时间，消耗大量资金，统一各路筹码的意志，断难成就其攻击性。

主力强则行情强，跟庄就要跟强庄。很显然，只要主力资金建仓已经结束，则无论K线处于何种状态，技术状态如何，后续上涨都将成为必然。根基不深，万丈高楼无从谈起。庄家持仓量低，巨幅的上涨也不可能凭空出现，所以如果我们在主力资金建仓充分、洗盘彻底、展开加速时介入，无疑是抓住了主力的"七寸"，该阶段起涨位置也恰恰是主力的咽喉所在。

牛股其后加速"形态"为表象，其前"增量"才为产生加速的实质。所以，我要想在股市赚快钱，必须研究"量形"，理解加速形态的形成机理，掌握其主力的拉升本质所在。

二、靠量"证（验证）"形，靠形"判（判断）"量

分析A股市场历史走势，很多股票往往会在某一段加速拉升后出现较大幅度的回落，但其后股价又会重新顽强上涨，展开新一轮的加速，如是反复。如果投资者不能正确理解个股建仓、洗盘、拉升等所

处的阶段位置，就会经常发生个股介入时点错位的问题，这也是很多投资者老是埋怨自己操作的股票不涨或者涨得慢的原因所在。

在实战当中，投资者通过量形结合，靠量"证（验证）"形，靠形"判（判断）"量，相互印证，挖掘主力操盘意图，让主力操盘身影无处遁形，以上问题自然就会迎刃可解。

三、牛股的三大加速形态

股市实战当中，狙击到牛股往往会给投资者带来快速盈利的机会，但是要想狙击到牛股，除了捕捉到牛股的起涨时点外，认清牛股加速期间的形态特征更加重要。也就是说，投资者不光要会选股、买股，还要掌握牛股持股技巧，这就要求投资者必须掌握牛股加速形态的形成机理。

通过对多年以来的股市实战进行观察可以发现，牛股加速往往有以下三种形态。

1. 一波式加速波

一波式加速波是指一波到顶，气吞山河式加速上涨，一气呵成，中间没有休整，并且成交量的走势特征往往走出天量波趋势形态，如图1-1所示。

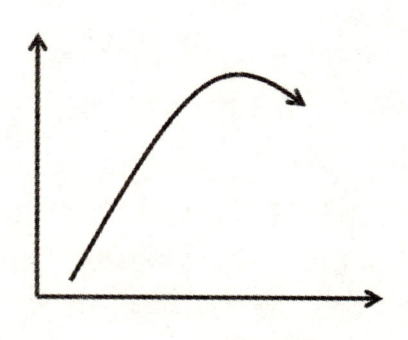

图1-1　一波式加速波图形特征

请看平煤股份2015年5月走势，如图1-2所示。

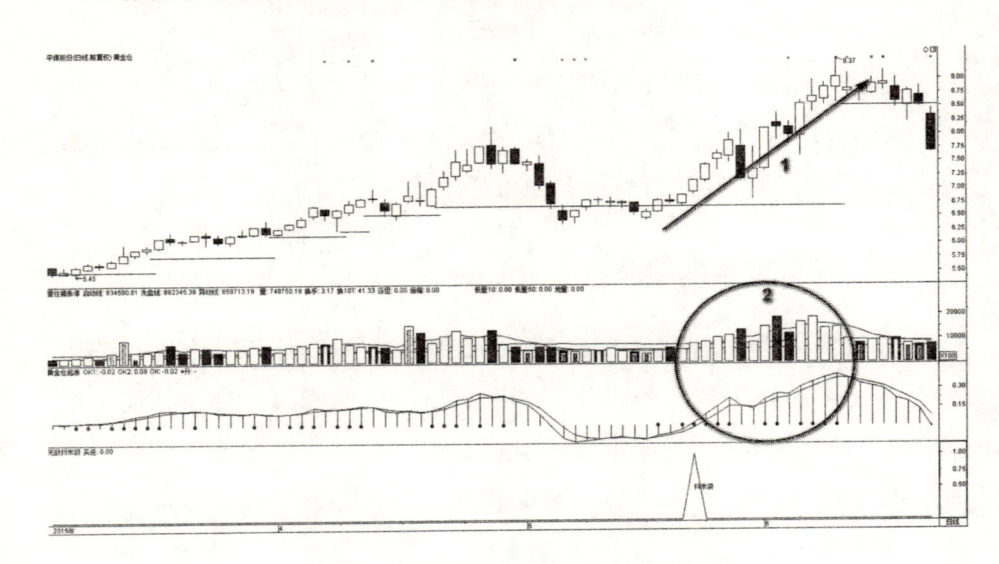

图1-2　平煤股份2015年5月走势图

一只股票不会无缘无故地加速上涨，也不会无缘无故地加速下跌，所谓的利好利空主力都会提前先知先觉反映在盘面上。从图1-2中可以看出，平煤股份2015年6月中旬前的加速上涨是前期主力提前建仓带来的结果，平煤股份在经过5月中旬前的建仓以及短期洗盘结束之后，展开加速上涨，在短时间内形成了一波式加速波上涨走势，具体表现如下。

首先，图中平煤股份6月份走势同前期3～5月份走势相比，股价的上涨角度产生了明显变化，请看图中标识1的位置，走势角度上相比前段周期而言加速更明显。

其次，在成交量方面，前期建仓波阶段量能温和放大，洗盘期则急剧缩小，而开始加速上涨时量能始终保持着有效放大的态势，并且形成了典型的天量波形态，请看图中标识2的位置。

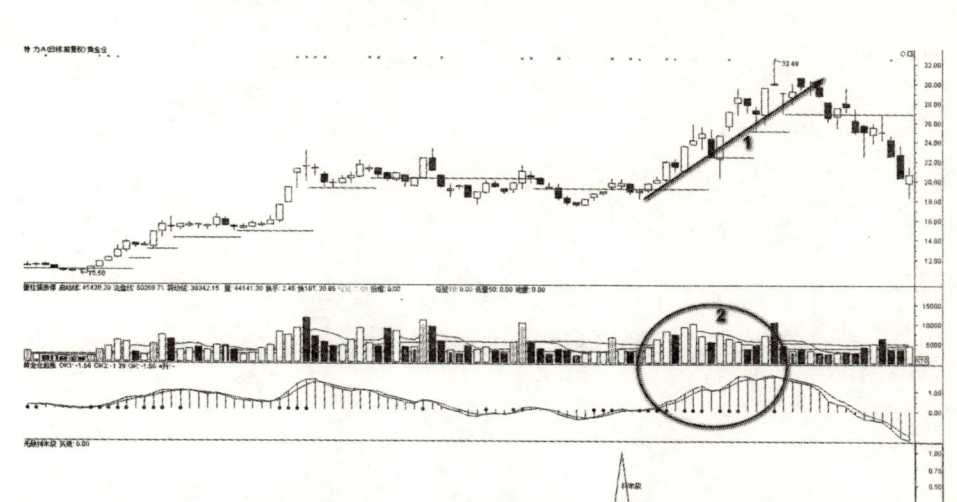

请看特力A 2015年6月走势，如图1-3所示。

图1-3　特力A 2015年6月走势图

同平煤股份一样，从图1-3中可以看出，特力A也形成了一波式加速上涨走势，正所谓"平地起惊雷"，一波式加速就如同运动赛场上的百米赛跑，是人体运动器官和内脏器官在大量缺氧的情况下完成最大强度的工作，属于极限强度的运动，考验的是投资者的冲刺力，而在经过短时间内量能买盘的急剧爆发之后，伴随着后续量能的不济，上冲动力缺失，一波式拉升也就此戛然而止。

再请看靖远煤电2015年6月走势，如图1-4所示。

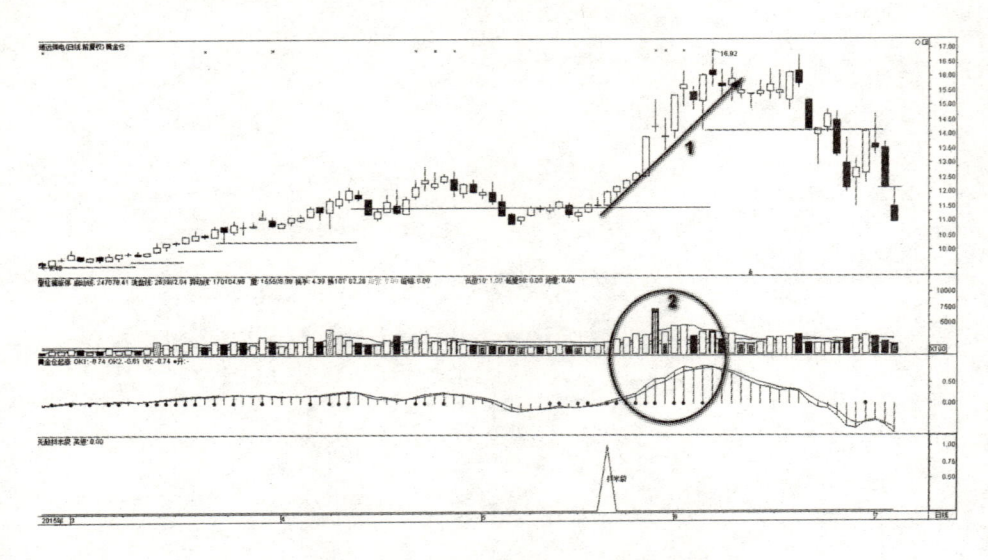

图1-4　靖远煤电 2015年6月走势图

从图1-2、图1-3、图1-4中我们可以通过量能和上涨角度的变化找到主力的操盘身影。图1-4亦是如此。但是仍然有细心的读者可以发现，这几个案例当中，个股加速起涨的起始，都伴随有涨停板出现，我们知道，对于资金量小、实力不济的主力而言，要想操纵股价出现涨停并非易事。所以，案例中一波式加速波的上涨，无论是从量能变化、上涨趋势变化以及涨停板或大阳线的出现，已经向投资者宣告，该股就是强势个股。那么，当这样的机会在你面前的时候，你又怎能轻易错过呢？

2. 两波式加速波

两波式加速波是指主升浪分为两个明显的加速上涨阶段，在第一波主升行情加速结束后，股价往往会进行修整，其后，股价再次上涨，展开第二波主升加速行情。在成交量的形态上往往呈天量波+缩量量波或放量量波+天量波走势，在两波拉升结束之后股价展开回调，如图1-5所示。

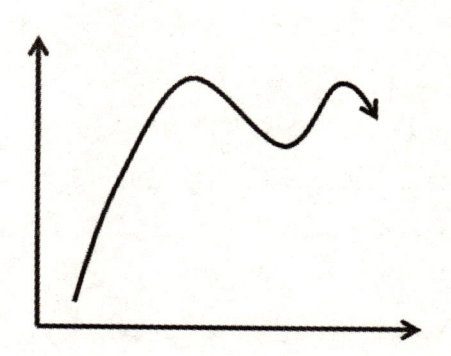

图1-5 两波式加速波图形特征

请看深南电A 2015年6月走势，如图1-6所示。

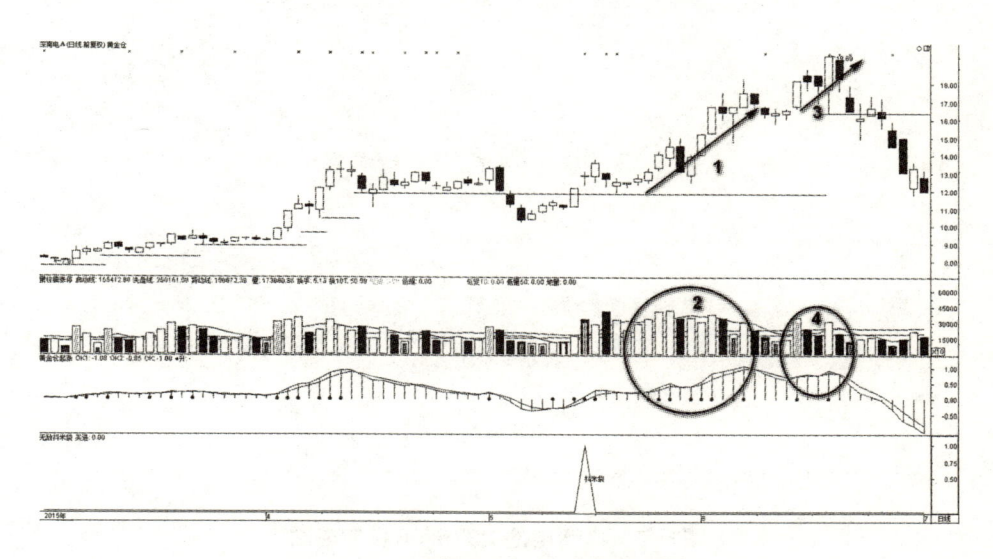

图1-6 深南电A 2015年6月走势图

从图1-6中可以清晰看出，伴随着成交量（标识2）的急剧放大，股价展开了加速拉升（标识1），在第一波天量波拉升结束缩量回档之后，开始了第二波冲击，但是正因为第一波天量波透支了主力的上冲动力，后续加速走势只能算是虚晃一枪，走出了后量量波不如前量量波的走势，这也是第二波股价上冲涨幅空间有限的原因所在了。所以，从走势特征上来看，有以下几个特点：

（1）股价加速上行，上涨角度急剧放大；

（2）成交量走出天量波+缩量量波或放量量波+天量波走势；

（3）主力以涨停板形式展开冲击，体现强庄特征。

所以，在吃透两波加速波的主升特征之后，我们完全可以在操作上吃完第一波后，然后利用短线缩量洗盘回档，实现第二波的短线狙击。

请看德赛电池2015年6月走势，如图1-7所示。

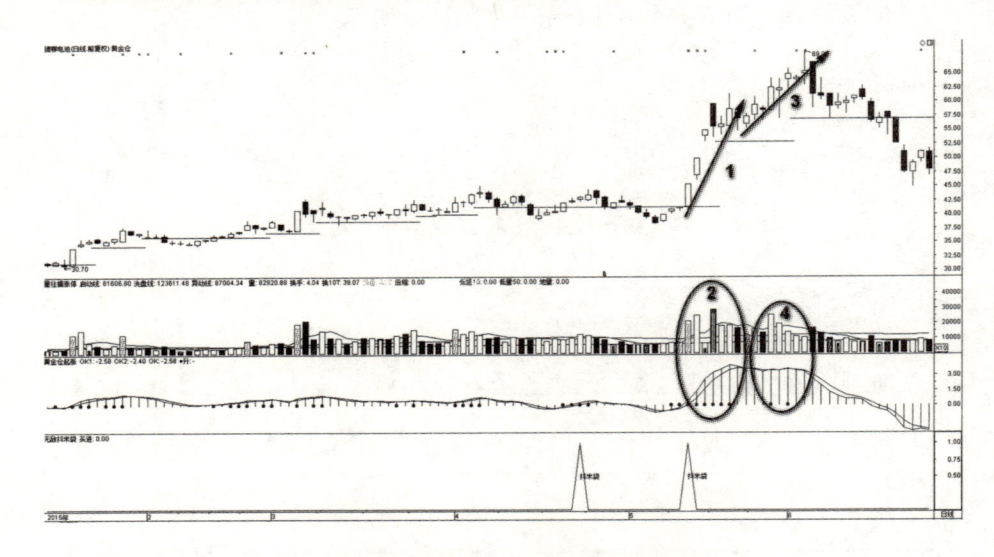

图1-7　德赛电池2015年6月走势图

从图1-7中可以看出，主力以涨停形式展开加速拉升，上涨角度近似80度（标识1），并且成交量形成典型的天量波波形（标识2），而在第一波拉升结束之后，第二波拉升成交量明显萎缩于第一波（标识

4)，实际在第二波尚未完全走出之前，投资者完全可以提前根据量柱变化对后续走势进行预判，在标识4（缩量波）之后，如果后续量波不能有效放大，该股两波加速也就暂告一段落了。

再请看皖新传媒2015年6月走势，如图1-8所示。

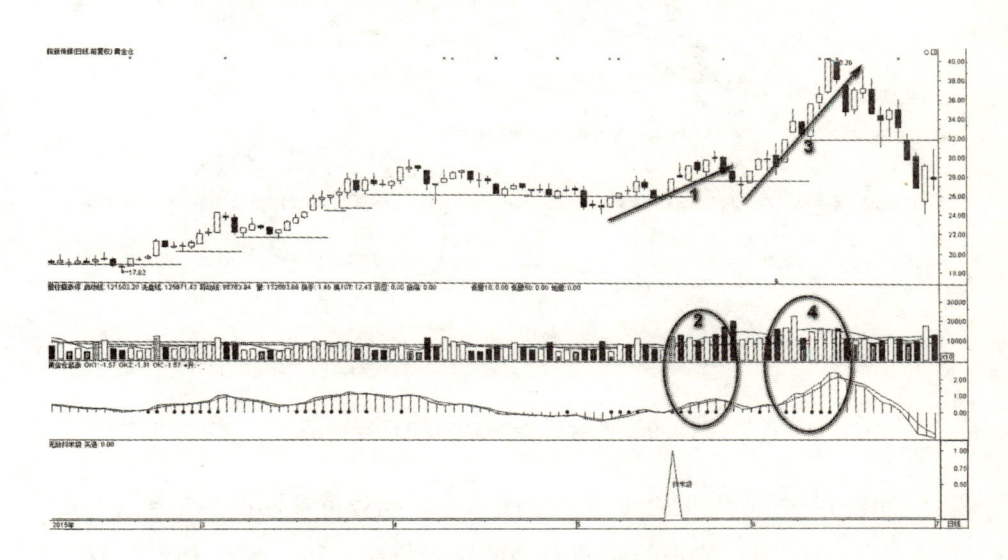

图1-8　皖新传媒2015年6月走势图

从图1-8中，我们也可以清晰看出，皖新传媒在2015年6月份走出典型的两波加速波走势，但是细心的投资者又发现，该股在k线走势上走出两波加速，但是在量波的体现上出现了后波（标识4）波形超越前波（标识2）的走势特征，如果再认真比较会发现，该股第二波的拉升运用了天量波，同一波式加速波一样，主力在第二波的拉升透支了上冲动力，第二波结束之后，加速也就就此结束了。从走势特征来看：

（1）股价加速上行，上涨角度急剧放大（标识1、标识3）；

（2）成交量量波后波压前波，第二波天量波，相比第一波涨幅空间更大；

（3）主力以涨停板形式展开冲击，体现强庄特征。

请看紫金矿业 2015年6月走势，如图1-9所示。

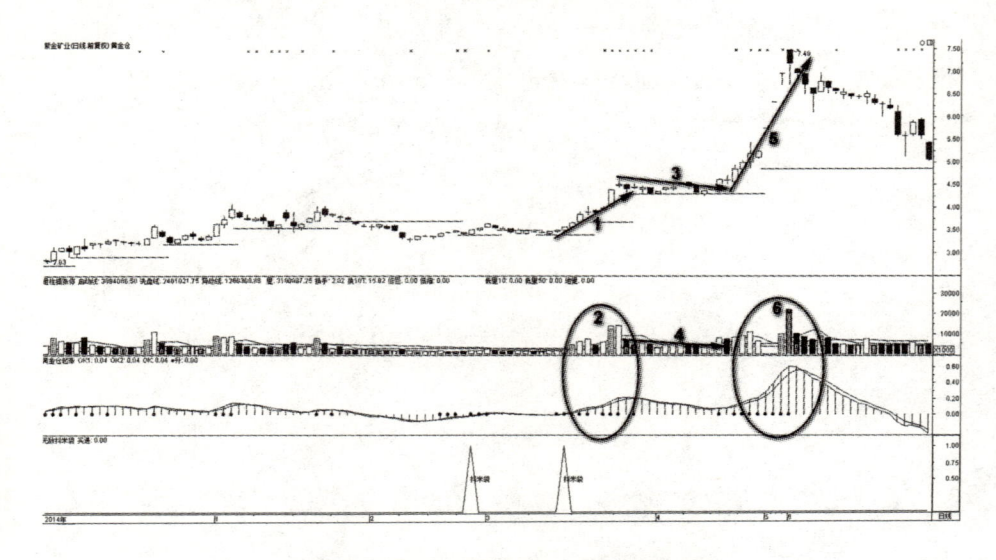

图1-9　紫金矿业 2015年6月走势图

如图1-9所示，紫金矿业2015年6月的走势特征同图1-8类似。在第一波拉升结束之后进行短暂时间的洗盘修整，第二波展开天量波加速，在短时间内走出了接近翻倍的走势。

观察图1-8和图1-9，同图1-6和图1-7相比，虽然同属于两波式加速波走势，但是图1-8和图1-9第二波的拉升涨幅空间更大，同时反映出图1-8和图1-9中主力控盘能力更强，所以投资者在学习或者实战过程当中，深入吃透量波走势对于有效研判涨幅空间非常重要。

3. 三波或多波式加速波

三波或多波式加速波指主升浪分为多个明显的加速波形，在每一波加速波结束后，股价都会进行下跌洗盘，其后，股价再次展开第二波或第三波甚至多波加速上涨主升行情。在成交量的特征方面，量波往往会走出多波量波叠加形态，如图1-10所示。

第一章　牛股的三大加速形态

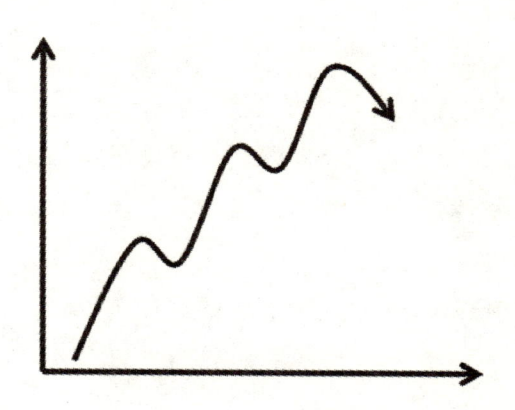

图1-10　三波加速波图形特征

再请看平安银行2015年1月走势，如图1-11所示。

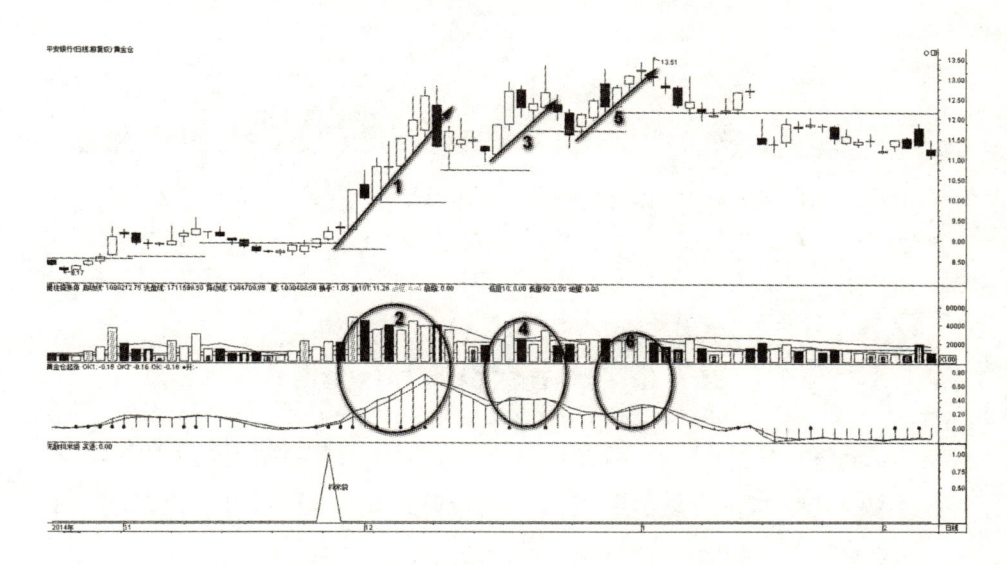

图1-11　平安银行2015年1月走势图

从图1-11可以看出，该股在2014年11月28日展开起涨，主升浪分别展开三波加速拉升（标识1、标识3、标识5）。具体表现如下：

（1）股价加速上行，上涨角度急剧变大；

— 11 —

（2）量波走出三波走势；

（3）主力以涨停方式展开加速。

当然，从该案例中我们还发现，在加速过程当中，量波波形逐级萎缩，形成连环缩量量波走势，并且在第二波、第三波加速当中，涨幅空间在逐步缩小。

请看飞乐音响2015年5月走势，如图1-12所示。

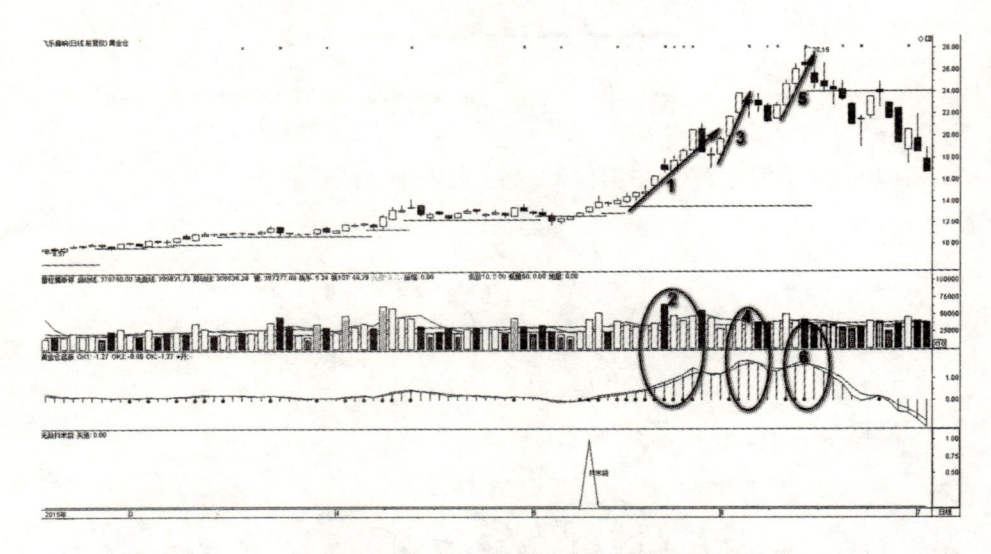

图1-12　飞乐音响2015年5月走势图

从图1-12可以看出，同图1-11一样，飞乐音响2015年5月21日以涨停形式展开起涨，后续展开三波加速拉升，短时间内从14元拉升到28元，实现了资金翻倍。

再请看骆驼股份2014年1-5月走势，如图1-13所示。

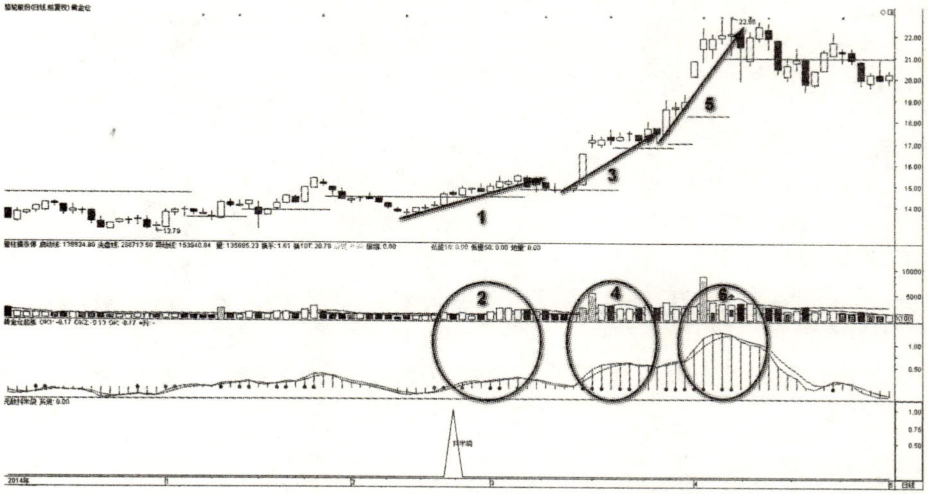

图1-13　骆驼股份2014年1-5月走势图

从图1-13中可以看出，骆驼股份在2014年4月份也是走出三波式加速波走势，但是同图1-11和图1-12不同的是，在量波走势上，骆驼股份走出一波更比一波强的走势，并且涨幅空间也是一波更比一波高。

再看天虹商场2015年5月走势，如图1-14所示。

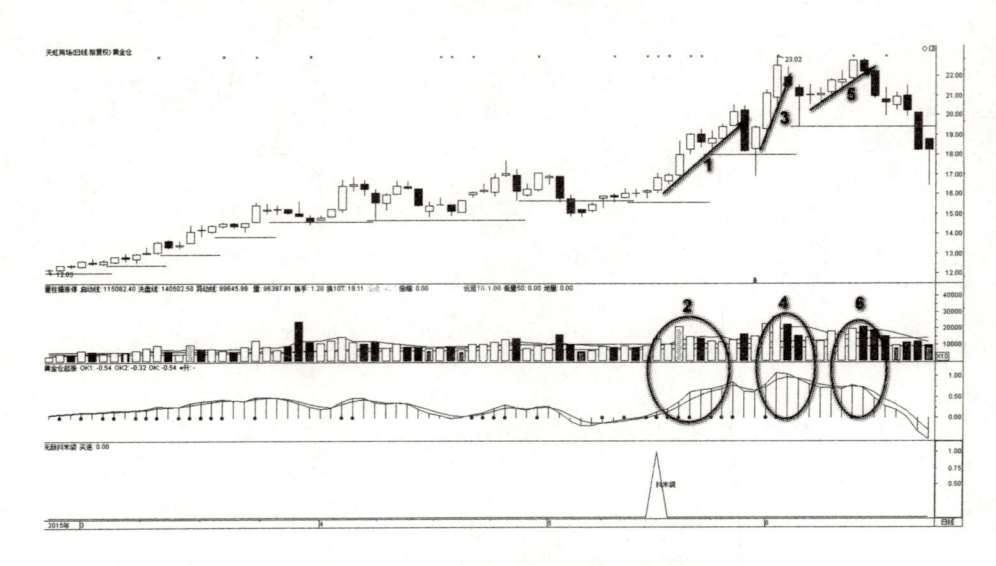

图1-14　天虹商场2015年5月走势图

从图1-14中可以看出，天虹商场在2015年5月份走出三波式加速波走势，但是同图1-11、图1-12、图1-13不同的是，在量波走势上，天虹商场第二波走出天量波走势，第三波惯性一冲，就偃旗息鼓了。

通过对以上几个案例的分析可以看出，对于三波式加速波甚至是多波式加速波而言，主升过程中量波越大，对应的涨幅空间往往也会更大，但是天量波的出现也往往会抑制后续量波的拉升空间，甚至会扼杀后续加速量波的出现，这是投资者在实战当中需要注意的。

所以，不论牛市还是熊市，只有"加速波"形态才是投资者最大的"蛋糕"，进入加速波的股票之所以深受投资者所青睐，在于其涨升力度强劲、比较可靠，一路持有能获大利乃至收益翻番。所以，只有掌握了加速波形态的上涨模式，才能明白"赚快钱"的真正内涵所在。

小结

本章引领读者从量形理论入手，深入剖析牛股量形的产生机理以及狙击技巧，从而真正领会"赚快钱"的诀窍，理解坚持加速波策略思维才能赢得超额利润，这才是股市实战"赚快钱"的本质。这就要求投资者无论是在选股还是持股方面都要吃透加速波形态的实战要领，不被主力途中的洗盘等阴谋所吓倒，要看好并学会坚定持有。

第二章

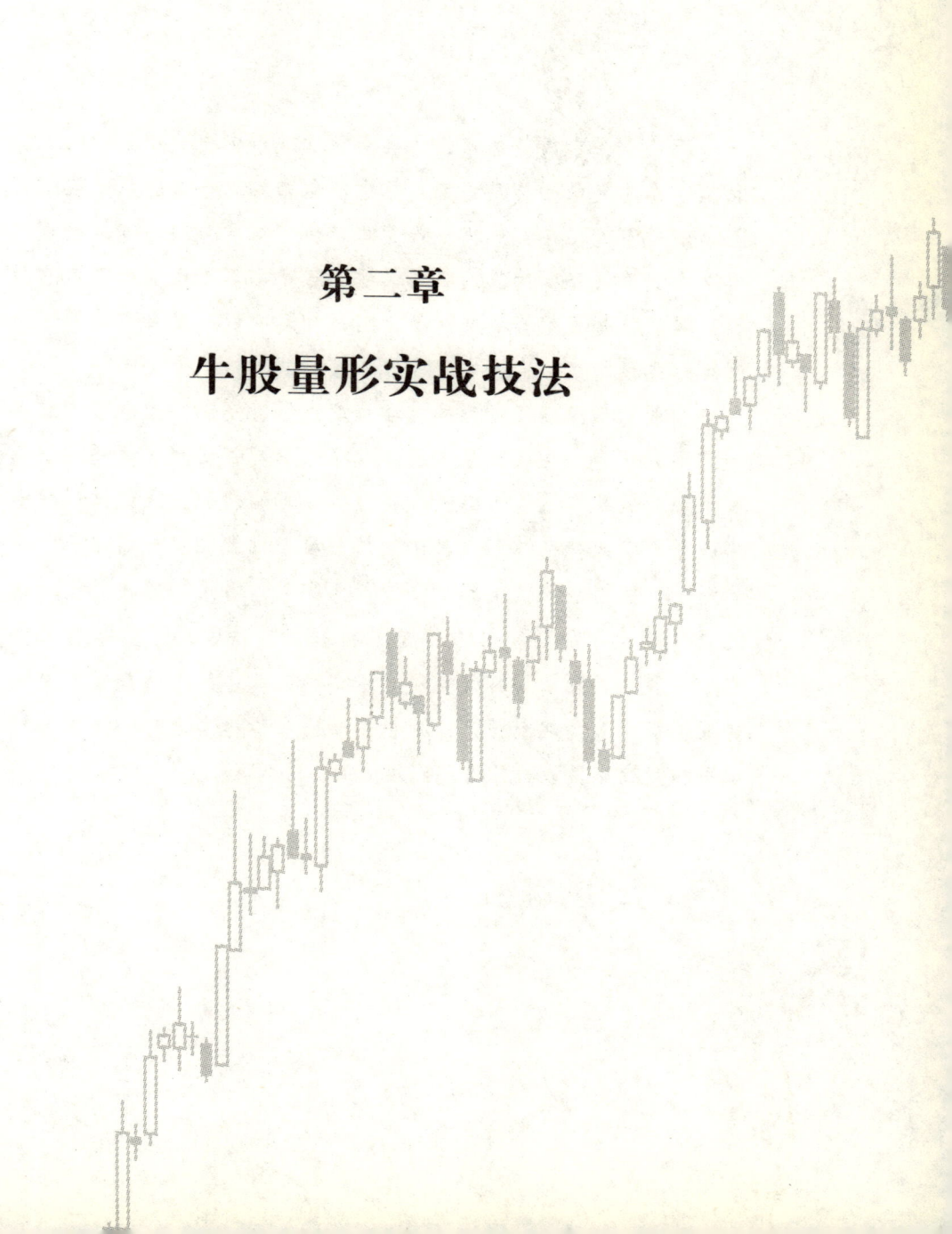

牛股量形实战技法

无论是牛市或是熊市，总会有一些股票走出波澜壮阔的上涨行情，作为交易者总是希望自己也能狙击到这样的股票，但是希望总归是希望，在实战当中难免总是会存在这样或那样的问题，要么在选择投资标的方面不得其法，选不出真正形成起涨点的股票；要么就是虽然标的选对了，但是却没有做到或者没有做好，很难达成预期之目的。

牛股背后蕴涵了主力的控盘程度和做盘意图，而牛股形态一定是主力所为。在成交量方面牛股在起涨前都要完成筹码的收集和清洗，反映在股价形态上就必然有一定的规律，我们只要找出牛股量形实战特征并形成具体的技术要领，就相当于抓住了"擒牛绳"，能很轻松捕捉到"牛股"。牛股"量形"战法的核心目的是"骑上牛股"，其中不光"狙击"到牛股，还要学会"持有"牛股，否则一切都是空谈。本章则以庖丁解牛的方式，深入揭秘捕捉牛股的实战技法，对投资者进一步提高自身的技术分析水平和实战交易能力，将起到极大的促进作用。

第一节 量形理论之"黄金仓"战法

"黄金仓"战法是量形理论中狙击牛股主升浪的核心战法，不管是在牛市或者是在震荡市环境，突出特点"稳、准、狠"，"稳"是注重确定性和安全边际，"准"则是时机（买点、卖点）及对趋势的把控能力，"狠"突出了战法的可靠性，就是要敢重仓。

第一章已经分析了牛股的三大加速特征，强调交易者找准股市实战当中的矛盾点，让大家少走弯路，为"赚快钱"打下基础。但是我们要明白"有果必有因"，狙击到加速波形态往往能够让我们实现"赚快钱"，但要想真正抓住主力加速起涨的咽喉所在，就必须明白其加速本质，深入理解加速波形态的形成机理。所以，我们不光要明白"黄金仓"战法当中的加速波形态形成机理，还要学会如何才能狙击到此类个股。

请看金圆股份2015年行情走势，如图2-1所示。

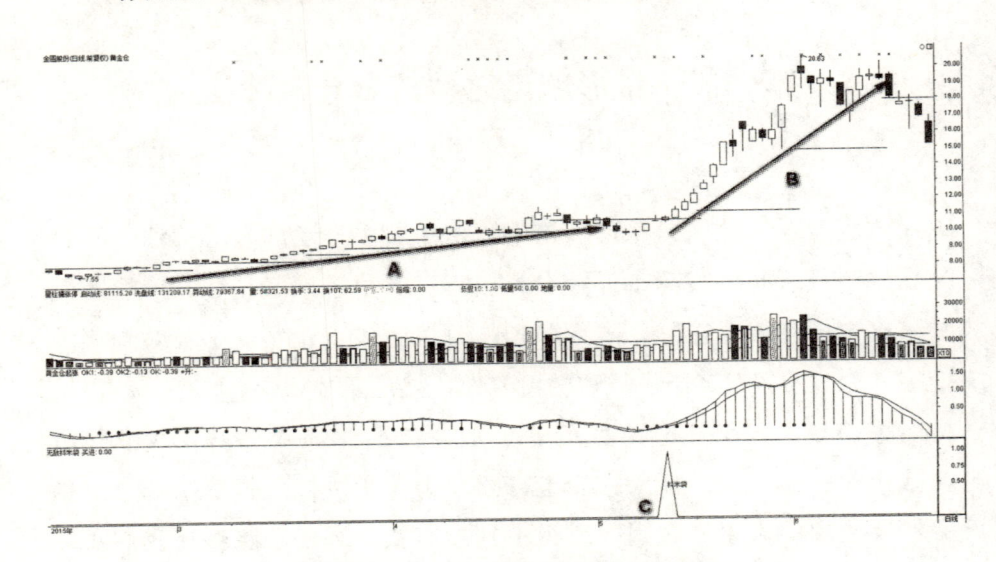

图2-1　金圆股份2015年行情走势图

从图2-1所示的金圆股份2015年行情走势来看，主力在A段进行有效建仓之后，经过C段的洗盘震仓，展开B段的加速波走势，并且该股在比较短的时间内股价实现了快速翻倍。

该案例完整展现了主力加速前建仓-洗盘-加速拉升的操盘过程，这也是我们本节要重点掌握的"黄金仓"战法的实战模型。不管是在震荡市还是牛市环境，走出"黄金仓"走势的个股不胜枚举，这也为我们股市实战"赚快钱"创造了大量暴利机会。

1. "黄金仓"加速波形成前的股价形态

在实战当中，对普通投资者而言，买进一只股票很容易，但是相对于主力并非如此简单。因为主力既想收集数量较多的筹码，又想维持较低成本，只有做到这些，才会放大收益空间，但这并不是一件很容易的事。

请看深圳能源2015年5月走势，如图2-2所示。

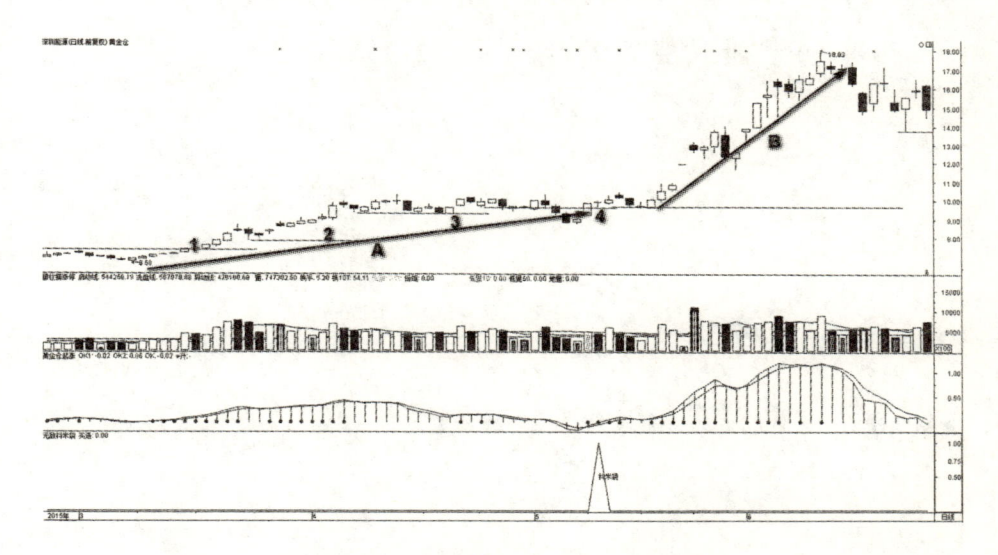

图2-2　深圳能源2015年5月走势图

从图2-2所示的深圳能源2015年5月份走势来看，在A段接近30度的股价上涨趋势当中，有1-4四根横线，这就是在笔者的《量线出击》一书中所提到的黄金线概念（黄金线依托于黄金柱产生），并且这四根黄金线形成规则的梯状，也就组合而成了黄金梯趋势形态。那么，黄金梯形态的形成又代表什么含义呢？

对于主力而言，建仓都是低位进行的，但主力和散户的不同就在于主力资金量大，所以要想在较短时间内实现快速建仓，必然会导致成交量的急剧放大，这样一来，也会引发跟风盘蜂拥而入，无形当中促使股价快速上扬，导致主力成本变高。如图2-2中A段所示，如果主力采取温和建仓-洗盘-再建仓的模式，不光不会引起场外大量跟风筹码的注意，还会降低建仓成本；并且从每次股价回调过程我们会发现，股价都会在黄金线位置得到有效支撑，这也在无形当中暴露了主力的控盘能力，试想，如果主力没有控盘或者控盘度不高，又谈何做到这一点？

请看华联控股2015年行情走势，如图2-3所示。

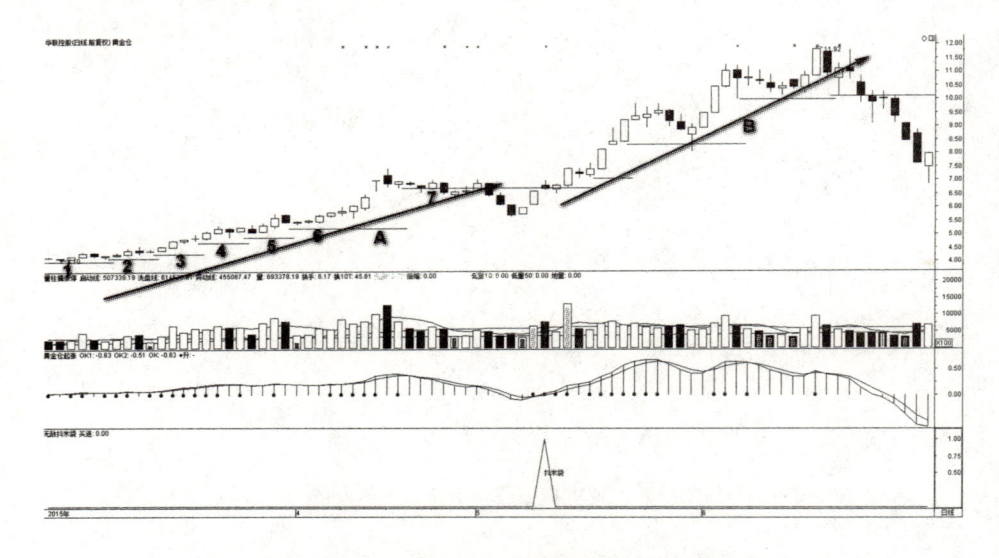

图2-3　华联控股2015年行情走势图

从图2-3所示的华联控股2015年行情走势来看，在三波式加速波B段形成之前，主力A段形成了一段漂亮的黄金梯形态走势，放量上冲吸筹-缩量回档洗盘—再放量上冲—再回档洗盘，并且每次洗盘到黄金线位置，股价很快就展开拉升，如果单靠散户之力，或者如果主力本身控盘能力不强，是断然难以做到的。

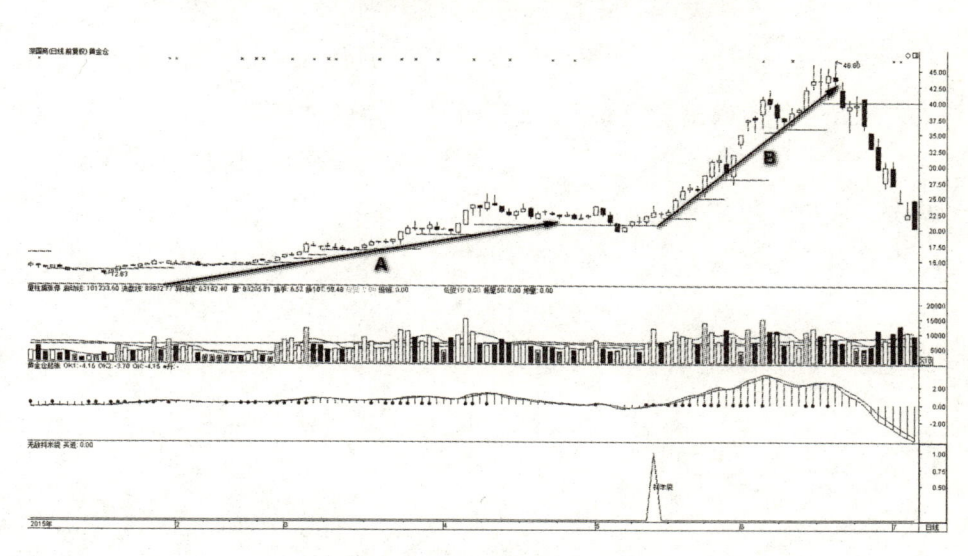

再看深国商2015年行情走势，如图2-4所示。

图2-4　深国商2015年行情走势图

同样，如图2-4所示，同图2-2和图2-3一样，在加速波出现前期，主力都有明显的建仓行为。建仓时间越充分（黄金梯周期长），盘子越小，同时该股又是当时的热点，对于主力操盘而言，就越容易进行操控，后续对应拉升的涨幅空间也就会越大。

很显然，加速波的产生都会有主力操盘身影的存在，但是有主力存在的个股，并非都会产生加速波，加速波的产生往往与主力的高度控盘是密不可分的。这样一来，一方面，我们可以通过黄金梯的结构走势判断出主力的建仓意图；另一方面，可以通过主力对股票的控盘能力对主力的控盘度进行有效判断，从而为我们将来狙击到更强势的加速波奠定了基础。

2. "黄金仓"加速波形成前的成交量特征

若非高度控盘，股票要涨，必须有量，无量不涨，无量不强，"量在价先"，成交量的放大往往会暴露主力操盘意图。

主力相对于散户而言，资金量非常大，就算是有控制地进行建仓操作，成交量也必然会明显放大，所以，我们完全可以将目标锁定在产生放量或量能异动的个股中去，发现主力的操盘意图，找到牛股身影。那么针对"黄金仓"加速波形态个股的量能特征又是如何呢？

来看中金岭南2015年行情走势，如图2-5所示。

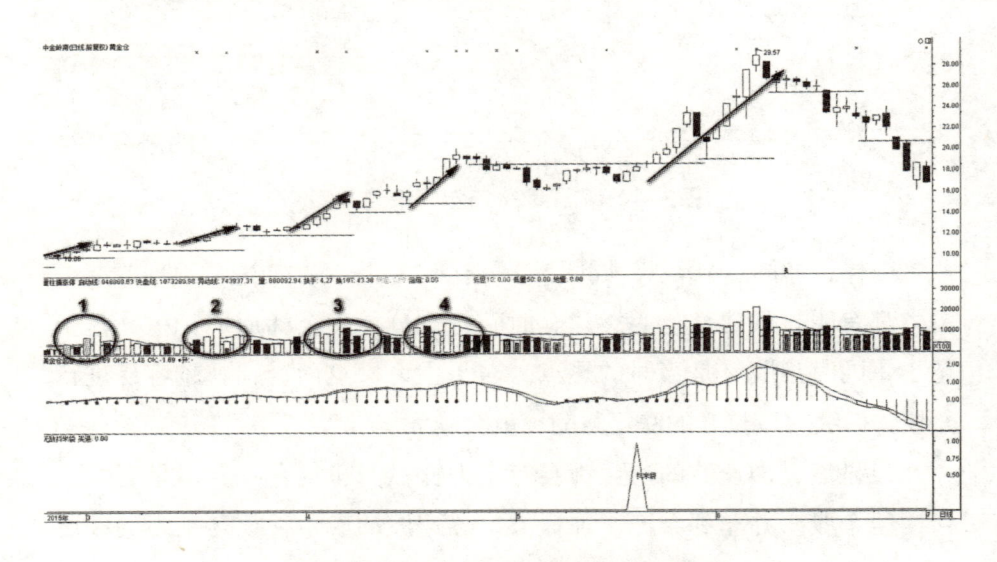

图2-5 中金岭南2015年行情走势图

如图2-5所示，图中标识1、标识2、标识3、标识4每一波量波的放大都伴随股价展开上行，并且成交量量波走出连环梯量波走势，在股价的运行趋势上也出现了典型的黄金梯形态。

我们通过连续放量的量波判断主力主动性建仓行为，通过每一次洗盘洗到黄金线位置及时刹车，可以判断主力控盘度能力的强弱。这样一来，在主力长时间建仓和高度控盘之下，产生主升浪加速波走势也是迟早的事了。

再看东方市场2015年行情走势，如图2-6所示。

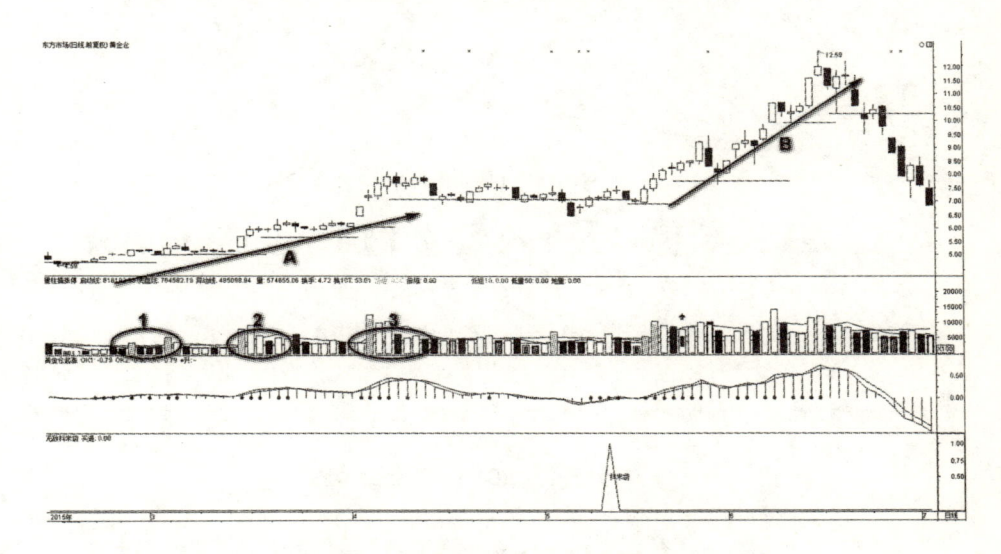

图2-6　东方市场2015年行情走势图

如图2-6所示，伴随着图中标识1、标识2、标识3量波的逐级放大，连环梯量波形成，股价呈现出标准的黄金梯走势。量能的逐级放大实际上是在投资者宣告主力在行动；而黄金梯的形成，则反映出不光主力有建仓行为，还提醒我们该主力能够控制股价的运行，体现出主力的高度控盘征兆。

如图2-7所示，为通程控股2015年行情走势。

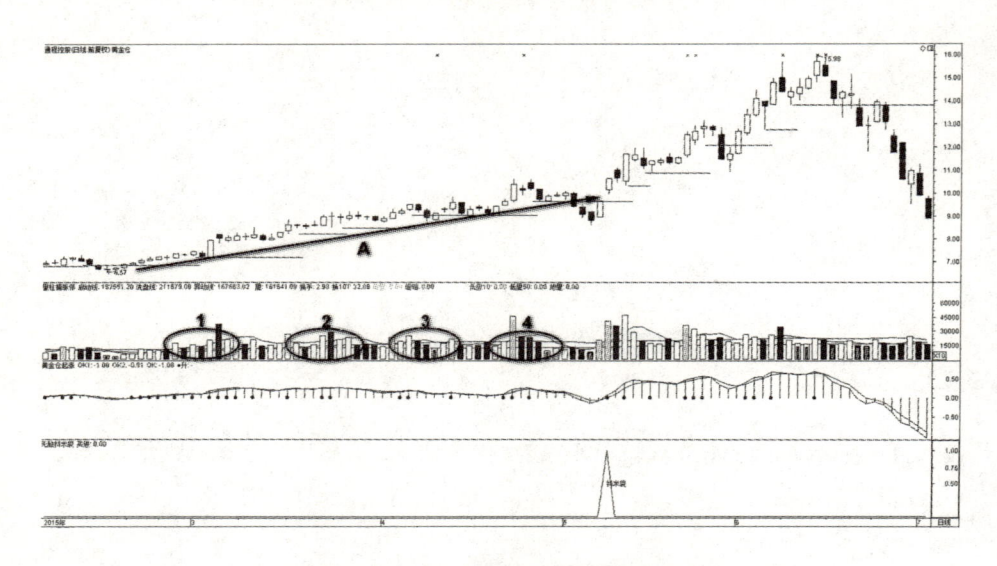

图2-7　通程控股2015年行情走势图

如图2-7所示，同图2-5和图2-6一样，通程控股在经过标识1、2、3、4连环波建仓之后，经过短暂洗盘震仓，形成三波式加速波，股价展开了波澜壮阔的加速上涨，在较短时间内走出翻倍涨幅。

哪里有量，哪里就有主力身影的存在。建仓连环波的出现暴露了主力身影和底仓成本，这也就为该股将来走出加速波上涨奠定了基础。

3."黄金仓"战法起涨点的有效判断

通过第一章的学习，读者对于牛股加速波的加速形态已然于胸，现在对于"黄金仓"战法的"量形"结构也有了一定了解，接下来要做的就是实现股市"赚快钱"。那么，如何狙击到此类个股，如何判断起涨点所处的位置呢？

如图2-8所示为中航地产2015年行情走势。

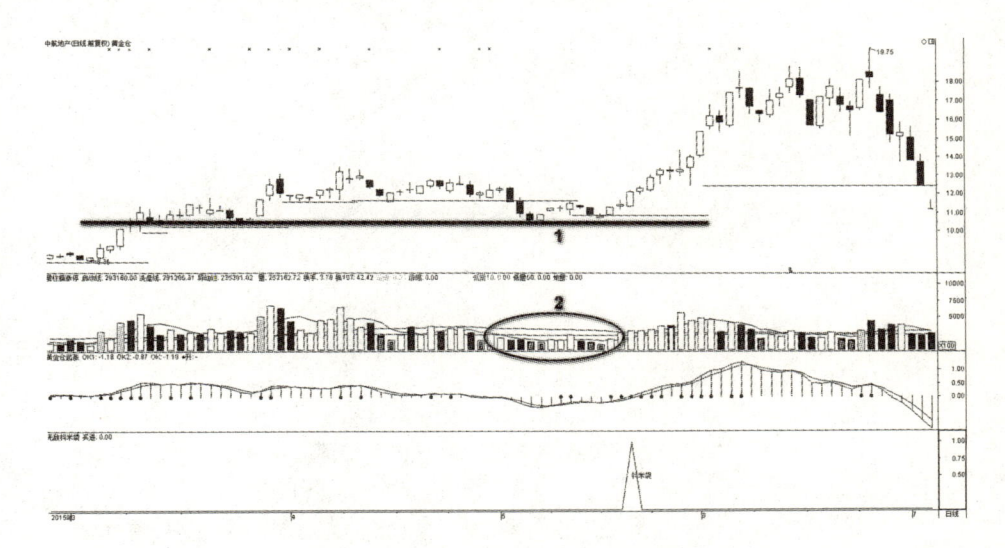

图2-8 中航地产2015年行情走势图

如图2-8所示，中航地产在进入加速波之前，出现了两大特征，首先在标识2位置出现了凹底平量波；其次在标识2之前股价走势上形成了一个标准的黄金梯走势，同时对应黄金梯下方有典型的主力连环波建仓迹象。

观察标识2阶段，出现多根长阴短柱，很显然，主力在该位置并没有出货迹象。那么从前期放量建仓，到后期缩量洗盘，实际暴露了主力操盘意图所在，即稳住筹码成本，避免其他资金的介入，再通过深度打压，洗出坚定跟风筹码，然后一跃而起，有效突破左峰，从而预示着主力加速波展开，而这有效突破左峰的时刻，就是我们要实战狙击的起涨点位。

再看深国商2015年行情走势，如图2-9所示。

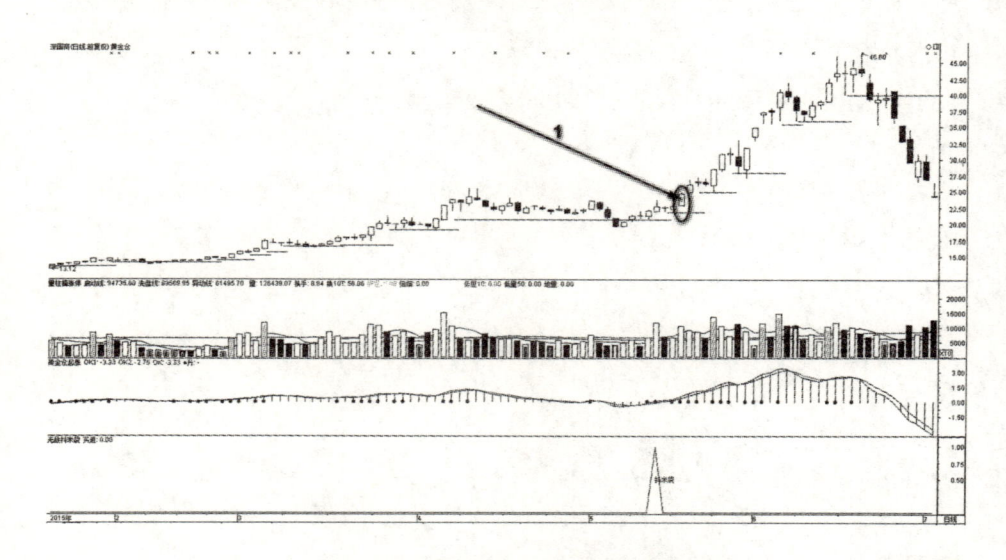

图2-9　深国商2015年行情走势图

如图2-9所示，深国商在经过黄金梯建仓过程之后，经过一个月的洗盘周期，于2015年5月19日展开加速起涨，后面展开了三波式加速波上涨，并且在较短时间内实现了资金翻倍。而5月19日（标识1）就是我们展开实战狙击的起涨点位置。

在量形理论当中，对于"黄金仓"起涨点位的判定定义是："股价有效突破左峰"，所以不论主力前面如何建仓，控盘能力如何强大，洗盘又如何彻底，这一切的一切是否会真正产生起涨点，要从左峰的有效突破开始。"有效突破左峰"需要我们认清以下两点：

（1）突破左峰当天，形成有效起涨，是一种典型的试盘行为；
（2）左峰是一个具体的点位。

突破左峰，首先我们要明确左峰的具体概念。在量形理论当中，对于左峰的定义不是左侧峰顶最高点，而是指左侧黄金梯最高的黄金线上方多个K线的最高收盘股价位置，这个位置是一个具体的价格点位，也是高位多空平衡区域，实战价值也就会更高。

当然对于当天"左峰突破"的有效性判断，其实又回到了对量形理论的研究上面，比如我们经常听说的"倍量涨停过左峰"等。放量过左峰或者缩量过左峰里的量是指当天成交量量柱同前期建仓连环波量柱平均量能进行的比较。狙击当天如果是三倍或三倍以上的量能，原则上投资者当天不要贸然介入，需要第二天或第三天再次进一步确认。巨量的产生，除了主力拉升前的拔高建仓之外，不排除存在左峰套牢盘或者获利盘的出逃行为，当主力发现试盘过程抛压过重之后，难免会展开再次洗盘。如果投资者贸然介入，万一产生二次洗盘探底，难免陷入短期被套的僵局。

如图2-10所示为万向钱潮2015年行情走势。

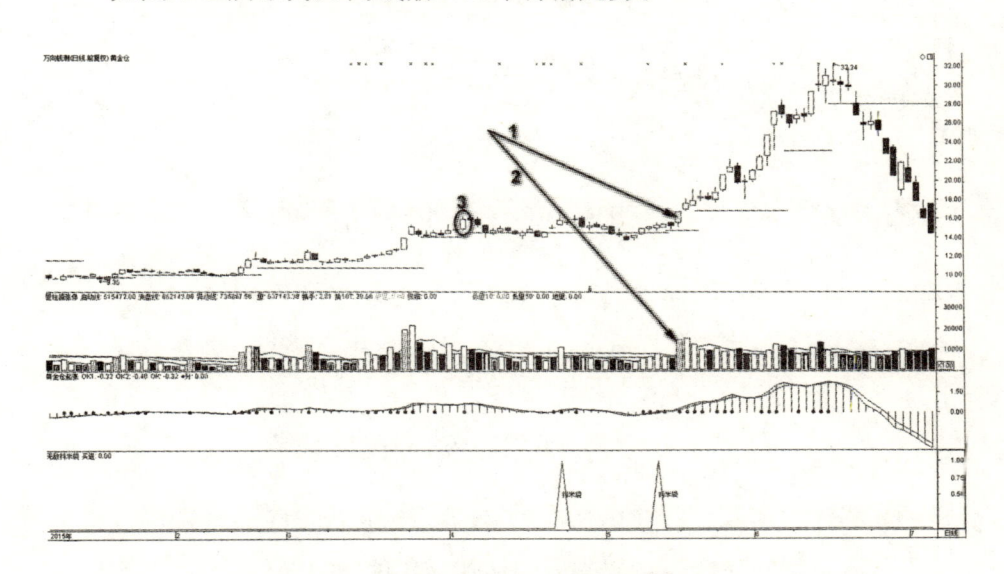

图2-10　万向钱潮2015年行情走势图

从图2-10中我们可以判断，2015年5月18日也就是图中的标识1和标识2就是我们狙击该股起涨点的位置，而左峰的突破点位就是2015年4月3日15.89元。

综上所述，整个"黄金仓"战法系统实际由三部分组成，黄金梯（建仓吸筹）+"抖米袋"（洗盘）+有效过左峰（起涨点）="黄金仓"战法，但是在实战当中，不排除一些个股主力在产生黄金梯之前已经提前进行吸筹建立底仓（也就是我们经常说的"老庄"）；也有一些主力经过漫长时间的建仓行为，拉升之初；已经提前实现完全控盘，所以也会存在忽略洗盘（"抖米袋"）过程，直接展开加速波拉升的走势。

来看一下国际医学2015年行情走势，如图2-11所示。

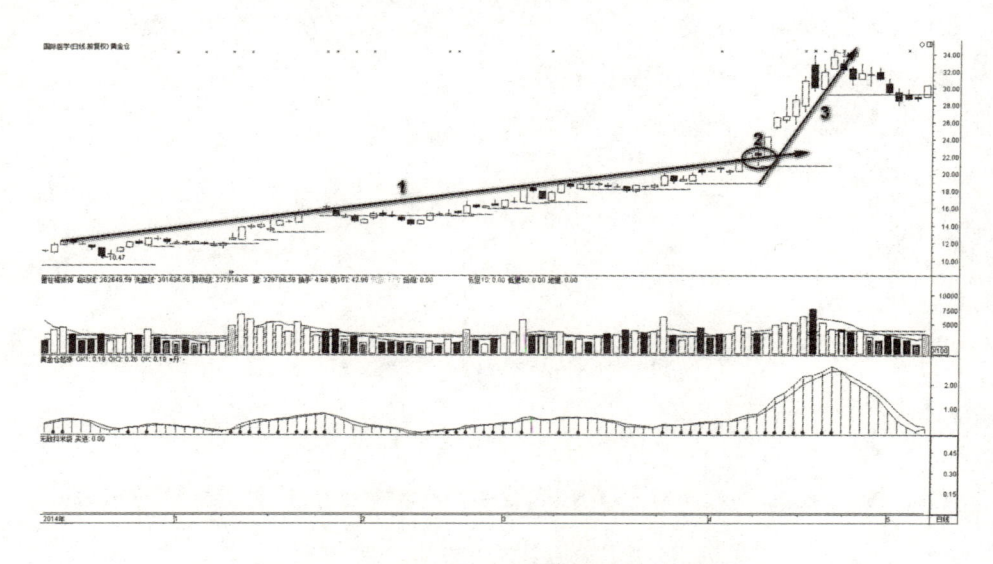

图2-11　国际医学2015年行情走势图

如图2-11所示，在标识1位置，该股形成标准的黄金梯走势，成交量也形成典型的建仓连环波，周期从2014年的6月19日到2015年的4月9日，时间周期接近一年，并且股价从6.23元到22.2元，翻了接近四倍，从标识2中4月8日、4月9日这两天的突破情况来看,主力已经实现高度完全控盘。

面对这种盘面,可以做出以下判断:

(1)股价翻倍接近四倍,短线跟风盘恐高,不敢跟风;

(2)主力已经实现高度控盘,展开回调洗盘("抖米袋")不如快速拉升更划算。

所以在该股当中,主力省略了洗盘("抖米袋")动作,直接展开了加速波的拉升行为。

如图2-12所示为中州控股2015年行情走势。

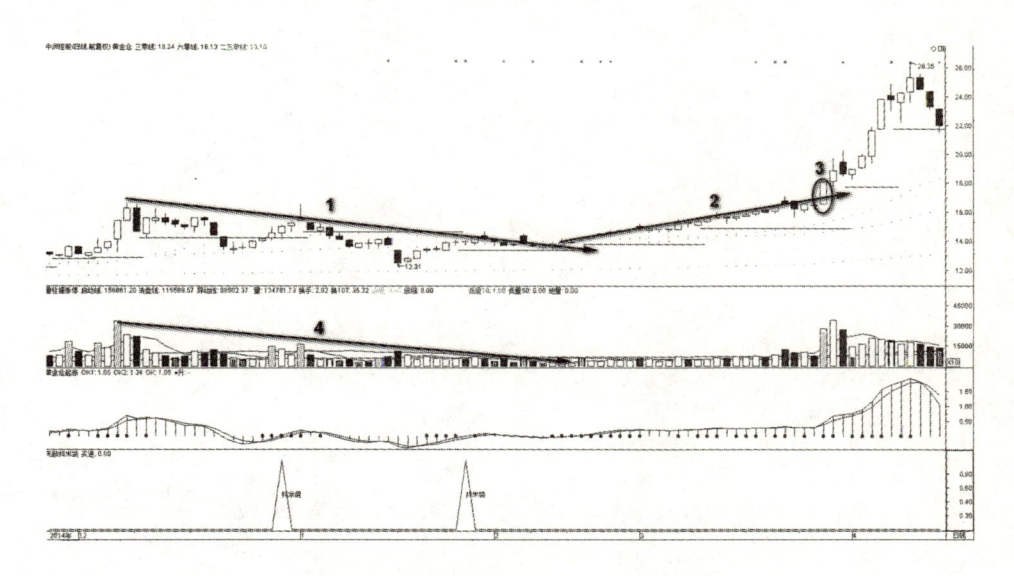

图2-12 中州控股2015年行情走势图

从图2-12可以看出,以前我们经常说主力捡取散户的带血筹码,实际在本案例当中就体现得淋漓尽致了。标识1中,主力借助大盘或其他利空故意将股价从高位进行深度打压,股价在下摔过程当中,成交量形成连环缩量波走势,但是在下摔过程中有个典型的特征:每次深度下摔量能急剧萎缩，有"抖米袋"的深度洗盘行为。作为散户投资者，今天不卖，明天不卖，在黎明前倒下这一刻，伴随着量能放大，股价开始加速冲击左峰甚至开始形成"黄金仓"起涨点，展开加速波走势。

从这一类老庄股分析，很多股票并非是在黄金梯形成开始介入进来，而是已经提前潜伏很久，提前建立底仓，要么是因为没有吃足廉价筹码才没有爆发出来，要么是利用大盘或消息利空进行打压吸筹。中州控股就是这样，在标识1高位下摔的过程实际上就是主力不进行护盘甚至小单打压，导致股价深度下摔，而主力借助下摔股价变低来进行吃筹动作，所以，在黄金梯（标识2）形成之前已经提前开始进行底仓的建立工作。

再看一下上证指数2014—2015年行情走势，如图2-13所示。

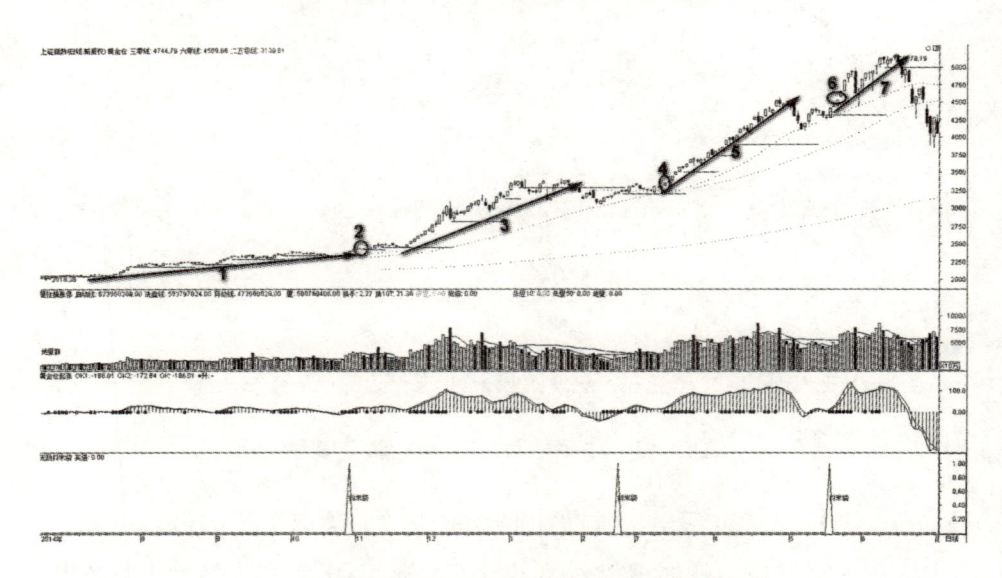

图2-13　上证指数2014—2015年行情走势图

如图2-13所示，标识出了2014—2015年期间黄金梯1、3、4，起涨点2、4、6，加速波3、5、7；而整个的2014—2015行情走势，我们称之为"叠加黄金仓"，言外之意是前面"黄金仓"的加速波成了后面"黄金仓"的建仓连环波，进而形成了叠加形态。

细心的读者可以发现，第一章和第二章的案例多是2015年个股案例，走势趋同，很显然，2015年上半年牛市的产生，实际上就是大盘"黄金仓"带来的共振效果。由此可见，在股市当中，实现"赚快钱"并非空谈，而完全是有迹可循的。至于产生"黄金仓"之后如何确立卖点，投资者可以借助加速波形态的形成机理来进行判断，抑或参考《飞毛腿》软件工具进行辅助研判。

在实战当中，建议投资者将"黄金仓"的标准形式作为实战范本，熟记在胸。并且对于近期或者历史上的牛股进行分析和比较，找出符合"黄金仓"战法的实战范例，不断冲击自己的眼球，掌握"量形"实战的特征，培养自身盘感，从而锻炼自己狙击牛股加速波形态、掌握"赚快钱"的真本领。

小结

吃透"量形"，可谓抓住了炒股的本质。炒股讲究强者恒强，择强而入，而强势源自于主力的提前建仓和高度控盘以及主力的拉升意愿。通过学习"黄金仓"战法，我们不光了解主力的建仓行为，还对主力控盘能力有了有效判断，因此，在加速波起涨前提前发现并狙击到此类个股、让自己实现快速获利就变得容易多了。接下来留给读者的问题是，请找出2014—2015年大盘加速波走势下的热点板块和热点个股，强化自己对于"黄金仓"战法的实战意识。

第二节 量形理论之"抖米袋"战法

很多聪明的投资者在掌握了"黄金仓"加速波战法之后,兴奋之余又感觉略有缺憾,"如果我在有效突破左峰之前提前杀入,会不会赚得更多呢?"笔者的回答是完全可以,但是会建议大家在实战当中注重阶段性操作,这就是本节要讲的"抖米袋"战法。

"抖米袋"战法属于"凹口淘金"的一种,"凹口淘金"在笔者的《量波抓涨停》一书中已经做过详细介绍,但是同样属于"赚快钱","抖米袋"战法空间就显得相对保守了。

请看明牌珠宝2015年行情走势,如图2-14所示。

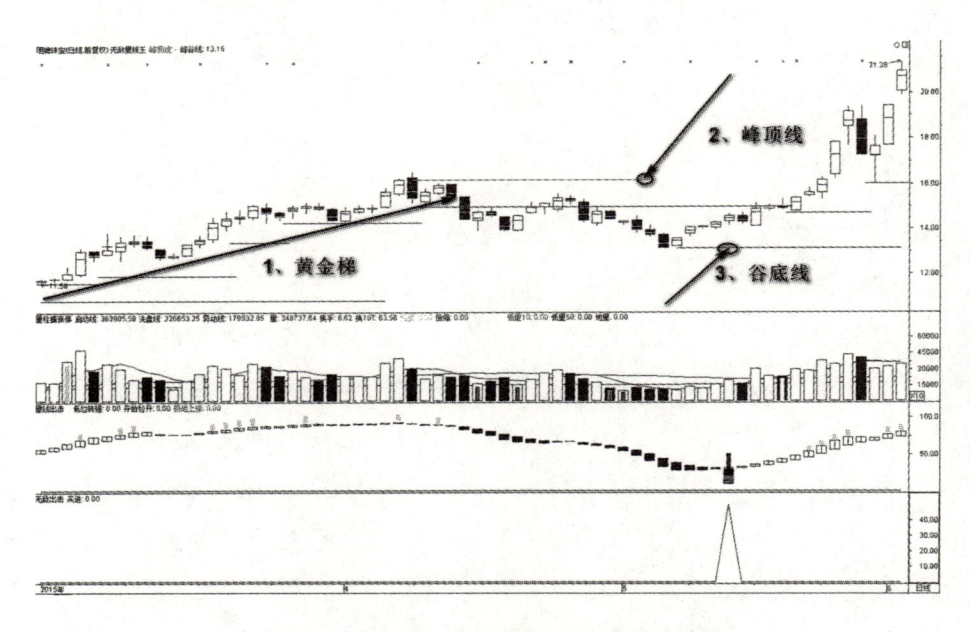

图2-14 明牌珠宝2015年行情走势图

如图2-14所示，明牌珠宝左峰点位是2015年4月8日的16.17元，而2015年5月25日当天收盘16.18元，轻松放量突破，所以正常狙击加速波的起涨点确立在5月25日，根据"黄金仓"形态战法，在左峰有效突破确认之后，后面将狙击到波澜壮阔的加速波行情。而现在我们要解决的是，如何吃掉加速波起涨之前的行情？

根据本书第一节"黄金仓"战法的结构构成，"抖米袋"形成于黄金梯之后的洗盘阶段，有以下几个特征：

（1）"抖米袋"过程量能状态为凹底缩量量柱形态，成交量明显急剧萎缩；

（2）"抖米袋"洗盘要求股价下摔幅度不能过大，主力控盘游刃有余；

（3）"抖米袋"的实战狙击位置成交量开始展开放量。

所以，"抖米袋"战法中实战狙击的涨幅空间和"黄金仓"形成的加速波相比，首先，涨幅空间不会太大，狙击空间多在"抖米袋"形成期间股价突破下行趋势颈线并且开始放量上冲，到左峰峰顶线之间的空间；其次，针对"抖米袋"战法，原则上投资者应在临近左峰区域减仓或清仓观望，确认左峰有效突破，再按照"黄金仓"战法展开加速波狙击。

请看*ST川化2013—2014年行情走势，如图2-15所示。

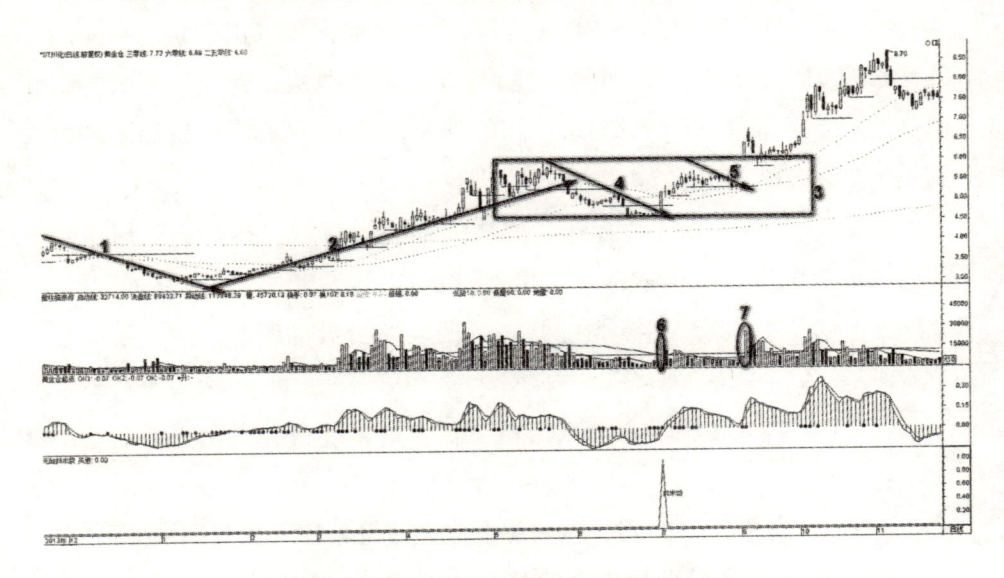

图2-15　*ST川化2013—2014年行情走势图

从图2-15所示，*ST川化在经过标识1长期下跌之后开始展开反弹，并且在标识3内走出"抖米袋"洗盘行为，而投资者要想获取的利润就是箱体标识3的高度。

真正在实战当中，困扰很多投资者的是如何确认标识1底部确认的问题。其实这个问题不难解决，因为我们在"抖米袋"战法当中，已经设定了两个前提，"前部成底（标识1），后部成梯（标识2）"，所以"底"是深度打压的结果，量能急剧萎缩；"梯"是建仓的意图，建仓波节奏性放量。而根据"抖米袋"箱体形态的形成条件中"价要浅，量急缩"的特点，可以在"抖米袋"期间股价掉头向上并且展开放量的当天展开实战狙击。

所以，在标识1和标识2趋势走出之后，基本判断标识1尾部已经成为有效底部，这样对我们后期实战"抖米袋"提供了相对可靠的判断依据。所以在"抖米袋"箱体运行期间，标识6、标识7对应的当天都是实战"抖米袋"的狙击买点。

请看中粮地产2014年行情走势，如图2-16所示。

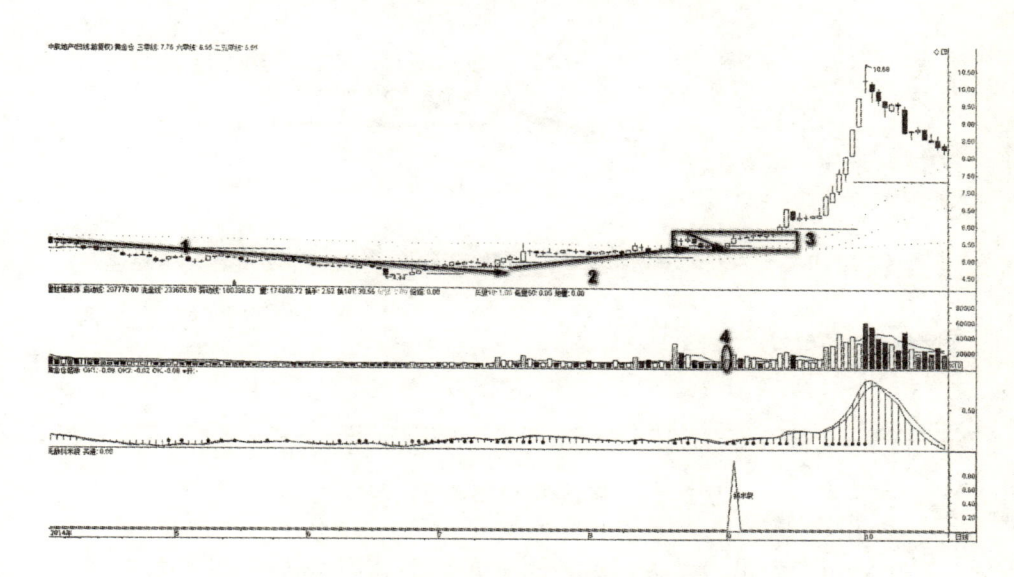

图2-16　中粮地产2014年行情走势图

根据前面的分析，如图2-16所示，中粮地产在2014年同样在经过标识1的长期下跌之后，一方面，黄金梯走势井然有序，控盘特征明显；另一方面，该股在"抖米袋"周期时间短，洗盘幅度浅，只有10个点的空间。看来走出这种控盘走势，绝非新庄入驻导致的结果，说明主力一直潜伏其中，酝酿新的主升机会。

所以，在实战当中，当明晰了该股跌无可跌（标识1），并且具备建仓行为特征以及控盘征兆之后（标识2），后面的洗盘目的（标识3）我们就不难理解了，这也就为实战狙击回档的空间奠定了理论基础。

再看康达尔2015年行情走势,如图2-17所示。

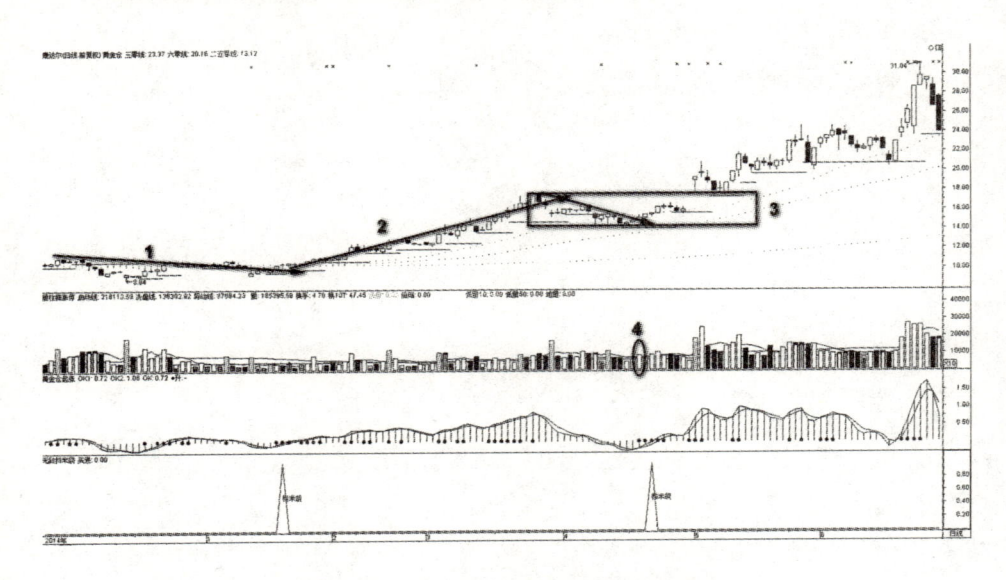

图2-17　康达尔2015年行情走势图

底部的产生是"跌无可跌,不能再跌",而"抖米袋"战法的由来是"跌可跌,不深跌",前者是下跌动能衰竭到极致、物极必反的结果,而后者则是主力主动性洗盘所致。

如图2-17所示,康达尔在经过标识1的下跌之后,开始确认底部,在标识2展开有节奏的放量建仓,在标识3展开主动性洗盘,而标识4放量量柱位置就是我们狙击的位置,目标空间就是左峰高度空间。

这样一来,就形成以左峰为分界点的两种打法:有效突破左峰就是实战"黄金仓"加速波形态的狙击机会;而在左峰之下,就是实战"抖米袋"战法的狙击机会。所以,除非有很好的看盘经验,否则笔者建议投资者分阶段进行实战,临近左峰先减持仓位或空仓,而有效突破左峰则展开"黄金仓"加速波的实战狙击。切不可凭空臆断"抖米袋"期间狙击之后,该股就一定会有效突破左峰展开加速波走势。

小结

通过对于"抖米袋"战法的量形分析,不难理解,该战法实际上就是在股价上涨的阶段当中有效捕捉箱体整理阶段中的波段机会。

第三节 量形理论之"一柱一线一波"战法

"一柱一线一波"战法实际上就是量形理论的实战综合运用。尽管很多交易者在学习了"量柱、量线、量波"之后,对于量学理论开始有了一定的了解,但成交量的变化同样在影响着股价形态,那么如何将"量学"与"形态"融会贯通,并且有效地应用于实战,一直是困扰大家的难题。本节还是从"赚快钱"的角度介绍量形理论的实战精髓。

请看康达尔2015年行情走势,如图2-18所示。

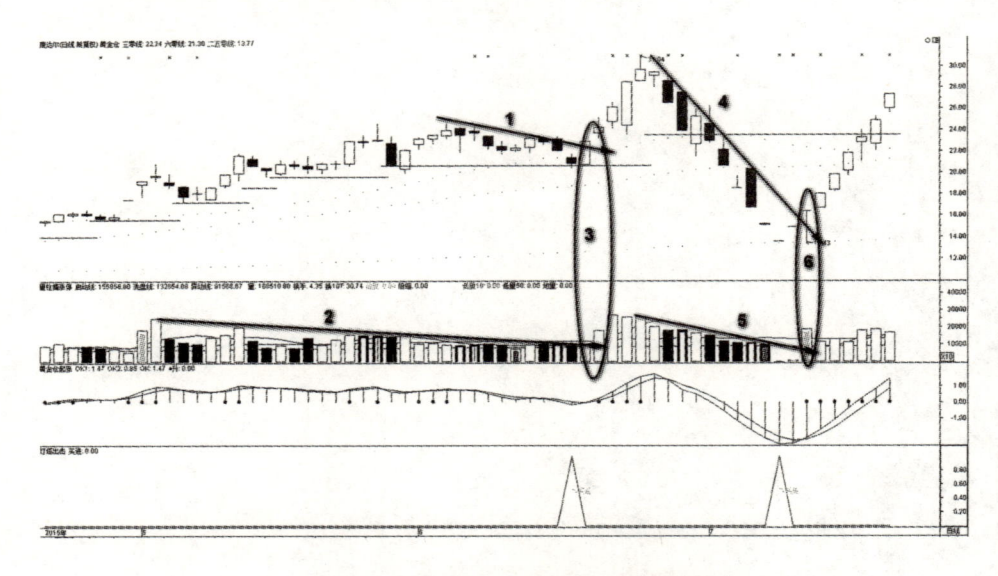

图2-18 康达尔2015年行情走势图

"跌无可跌，不能再跌"实际上就是对"一柱一线一波"战法的很好诠释，这里面不光涵盖了趋势，对于局部介入点位也进行了界定，所以运用量形理论进行实战，实战买点往往会有迹可循。

如图2-18所示的康达尔2015年行情走势图，但凡有经验的投资者都可以从中捕捉到两个有效买点和一个潜藏买点。具体分析如下：

（1）买点1：康达尔2015年6月17日标识3位置。

也许有的朋友会问，在6月17日前期趋势走势同样有涨幅、有利润空间，为何不作为有效买点？这样理解固然正确，但是从"赚快钱"的角度来看反倒不合时宜了，很简单，在标识3之前，该股处于"黄金仓"建仓周期，该周期是典型的吸筹和洗盘穿插、交织过程，利润空间小但风险并不小，随时存在追涨杀跌的风险。

（2）买点2：康达尔2015年7月16日标识6位置。

同标识3一样，康达尔在2015年6月24日经过深度下摔之后，在7月16日标识6位置展开急剧放量，股价涨停，改变了原来单边下行的趋势，展开了一波快速拉升的机会。

（3）潜藏买点3：左峰有效突破位置。

对于左峰的突破，实际上就是对于"黄金仓"加速波的实战确认，至于对后期拉升空间的判断，就要结合加速波形态的走势情况来进行了。

通过该案例，我们实际上已经深入剖析了"一柱一线一波"战法的实战精髓，主要有以下几个方面。

（1）一柱：放量量柱，趋势扭转的催化剂。"量在价先"，放量代表的是主力行为，放量也代表了资金的异动情况。

（2）一线：价柱单边下行趋势结束，股价突破原趋势。代表下行股价形态趋势已经被改变，趋势发生逆转。

（3）一波：连环缩量波或缩量波结束，展开放量。代表空方下跌动能减弱，在出现多空平衡（例如地量）后，伴随放量量柱，天平开始向多方倾斜。

再看科华恒盛2015年行情走势，如图2-19所示。

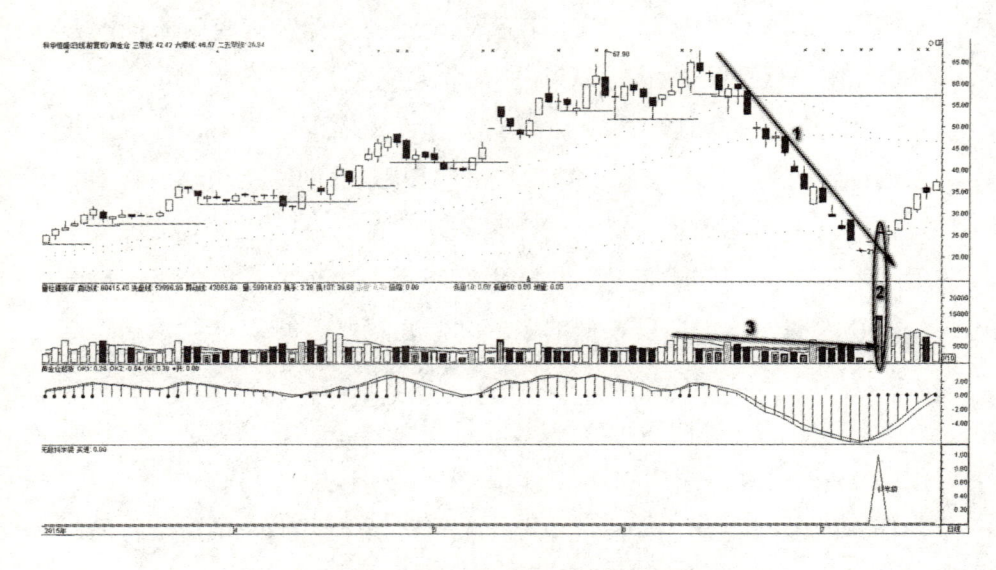

图2-19　科华恒盛2015年行情走势图

如图2-19所示，科华恒盛在2015年7月15日标识2处，量柱急剧放大，而之前股价下跌过程缩量状态明显，同时股价突破了原来下行通道轨迹，根据"一柱一线一波"战法要素，在7月15日就形成了狙击买点。

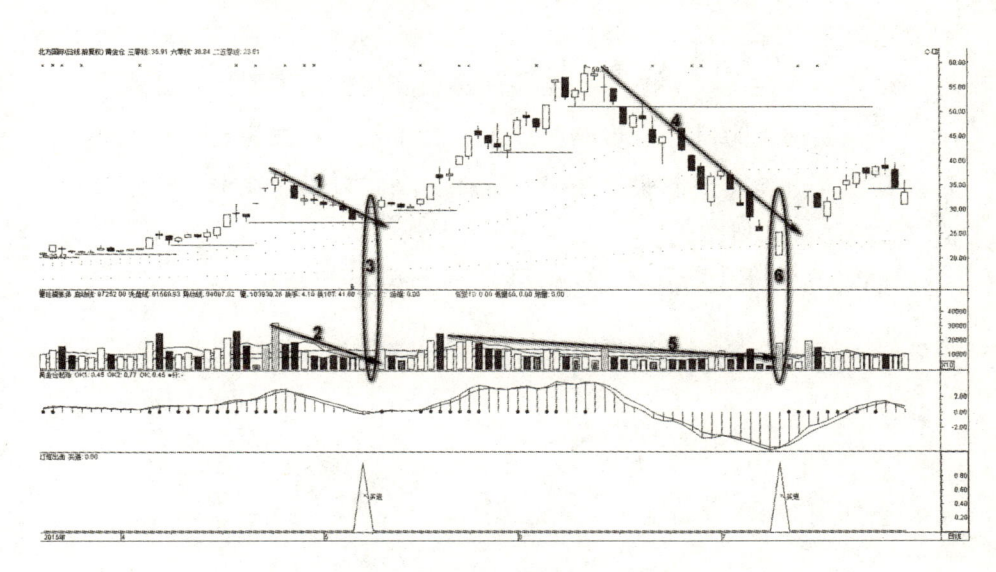

请看北方国际2015年行情走势，如图2-20所示。

图2-20　北方国际2015年行情走势图

如图2-20所示，狙击到符合"一柱一线一波"战法的个股除了可以在当天通过放量量柱来发现之外，投资者完全还可以通过缩量波以及结合地量的形成提前将此类股票选出来，列入"一柱一线一波"战法的股池当中来，如果后续开始出现放量量柱，涨停或大阳突破"一线"，那么实战狙击的机会就来了。

从图中可以看出，北方国际2015年的实战狙击机会如下。

（1）2015年5月8日发出买点信号，虽然符合"一线一波"，但是在量柱方面并没有有效放大，所以在5月11日量柱开始有效放大确认突破的有效性之后，展开实战狙击；

（2）同样，2015年7月9日北方国际发出买点信号，但是只符合"一柱一波"，股价上部的黄金通道线并没有有效突破，所以在7月10日确认有效突破之后，开始参与。

也许有的朋友会有疑惑，7月10日量能并不大为何敢于参与，实际上这就是大家在熟悉"赚快钱"战法之后的盘感反映。按照技术分析，符合"一柱一线一波"战法条件是实战狙击的要素，但是在某些情况下，如果主力已经实现高度控盘、拥有绝对的发言权后，则不需要太大成交量就会促使股价涨停，这样一来，投资者在涨停板位置反倒可以放心大胆地介入。

再请看北方国际2015年行情走势，如图2-21所示。

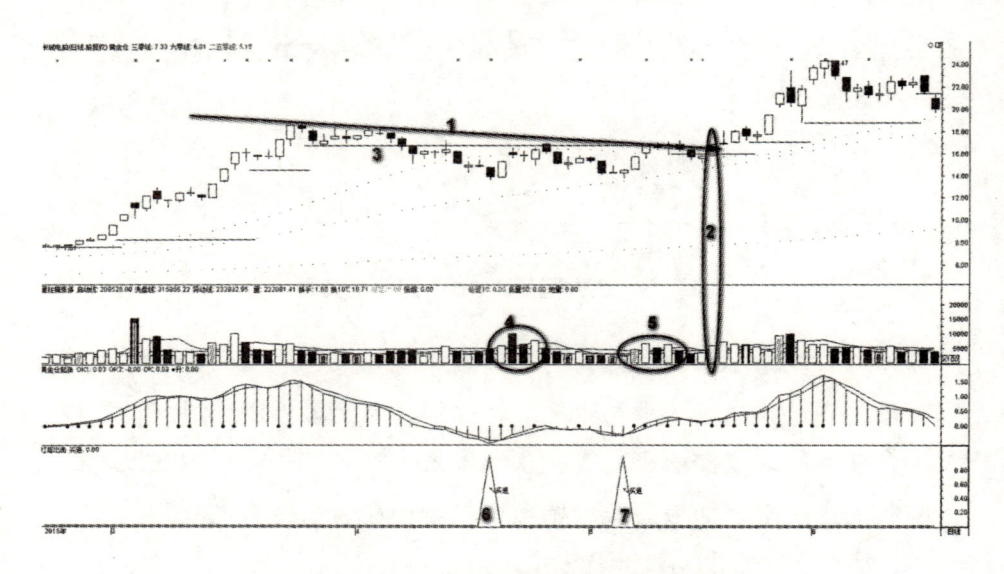

图2-21　北方国际2015年行情走势图

如图2-21所示，北方国际在经历标识1的下行趋势当中，前后发生过标识6和标识7的"一柱一线一波"战法买点信号，但是两个买点都处于黄金线压制之下，属于典型的有突破扭转趋势的意图却不具备买点安全性要件的情况。

所以，要确认买点的可靠性，当突破黄金线压制之后，投资者可以考虑进行实战狙击。

小结

通过对于量形理论"一柱一线一波"战法的详细剖析,我们不难发现,主力的主动性示弱实际给投资者实战"赚快钱"带来了机会,"熊市尾声"的反转或反弹、"中途回档"等使得投资者运用"一柱一线一波"战法实战获利更加得心应手。

第四节　量线理论之"涨停脉冲"战法

前面介绍的三种战法在实战当中叫作"有备而战",顾名思义,根据"量形"选个股,无论是从盘后选股或者盘中预警,对于符合实战狙击的个股,可以提前将其放入我们的伏击股池,剩下的时间就等该股自投罗网,在符合我们的量形买点要求展开实战狙击即可。但在实际操作当中,有相当一部分交易者"急功近利",不想"等待",只想"出击",这就面临一个很现实的问题,能不能实现盘中"赚快钱"呢?

笔者通过研究发现,很多大牛股的启动往往是从涨停板开始的。在实盘当中,如果盘中采用"涨停脉冲"战法选出当天的强势形态股,再结合"量柱、量线、量波"涨停基因,从中选出具备涨停基因的股票,量形结合,进行狙击,就可以达成短线"赚快钱"之目的。这样做最大的好处是从盘中选出强势股,缩小狙击范围,接下来就能一击必中。

"涨停脉冲"战法是利用上午9:25-9:30集合竞价期间,如同地震仪收到巨大冲击波信号后产生的巨大脉冲,"涨停脉冲"排序越靠前,说明该股当天产生异动越明显,这都将会成为我们重点关注的目标。

请看上证指数2015年8月13日行情报价，如图2-22所示。

	代码	名称	涨幅%	现价	涨跌	买价	卖价	总量	现量	涨速%	换手%	今开	最高	最低	昨收	市盈(动)	总金额	量比	细分行业	地区	振幅%	均价	内盘	外盘	内外比	买量	卖量
1	002161	远 望 谷	10.03	17.99	1.64	17.99	-	52210	15	0.00	0.75	17.99	17.99	17.99	16.35	1177.30	9393万	0.77	通信设备	深圳	0.00	17.99	28350	23860	1.19	344643	0
2	002728	台城制药	10.02	24.48	2.23	24.48	-	1077	2	0.00	0.18	24.48	24.48	24.48	22.25	59.33	264万	0.19	中成药	广东	0.00	24.48	868	208	4.17	144835	0
3	002024	苏宁云商	10.02	16.69	1.52	16.69	-	52650	1	0.00	0.10	16.69	16.69	16.69	15.17	-	8787万	0.10	电器连锁	江苏	0.00	16.69	41269	11380	3.63	712.1万	0
4	002130	沃尔核材	10.02	20.54	1.87	20.54	-	46287	1	0.00	1.20	20.54	20.54	20.54	18.67	211.34	9507万	0.66	电气设备	深圳	0.00	20.54	43097	3190	13.51	192029	0
5	002543	万和电气	10.01	19.67	1.79	19.67	-	18941	6	0.00	0.59	19.67	19.67	19.67	17.88	20.97	3726万	0.87	家用电器	广东	0.00	19.67	18262	678	26.94	124396	0
6	000526	银润投资	10.01	29.60	2.70	29.60	-	46	1	0.00	0.00	29.68	29.68	29.68	26.98	423.60	13.65万	0.01	房产服务	福建	0.00	29.68	27	19	1.42	210357	0
7	600767	运盛医疗	10.00	17.38	1.58	17.38	-	10435	3	0.00	0.31	17.38	17.38	17.38	15.80	-	1814万	0.22	医疗保健	上海	0.00	17.38	7837	2598	3.02	310277	0
8	300324	旋极信息	10.00	33.00	3.00	33.00	-	51636	3	0.00	1.88	29.40	33.00	29.15	30.00	384.65	1.62亿	2.88	软件服务	北京	12.83	31.34	21340	30296	0.70	30022	0
9	300420	五洋科技	10.00	46.32	4.21	46.32	-	19730	2	0.00	9.87	45.50	46.32	44.00	42.11	389.55	9004万	3.20	机械基件	江苏	5.51	45.64	6900	12830	0.54	11857	0
10	000503	海虹控股	10.00	43.24	3.93	43.24	-	766139	600	0.00	8.53	41.00	43.24	40.18	39.31	-	32.1亿	9.38	互联网	海南	7.78	41.95	332087	434051	0.77	47411	0
11	002518	科士达	9.99	24.66	2.24	24.66	-	418	3	0.00	0.01	24.66	24.66	24.66	22.42	45.84	103万	0.02	电器仪表	深圳	0.00	24.66	397	21	18.90	370288	0
12	002517	泰亚股份	9.99	44.26	4.02	44.26	-	31157	8	0.00	1.76	43.00	44.26	42.00	40.24	463.13	1.34亿	3.73	服饰	福建	5.62	43.07	12381	18776	0.66	12267	0
13	002383	合众思壮	9.99	40.96	3.72	40.96	-	12063	4	0.00	0.87	40.96	40.96	40.96	37.24	1085.87	4941万	1.21	通信设备	北京	0.00	40.96	11536	527	21.89	61326	0
14	002395	双象股份	9.99	16.08	1.46	16.08	-	604	2	0.00	0.03	16.08	16.08	16.08	14.62	5537.75	97.10万	0.10	塑料	江苏	0.00	16.08	401	202	1.99	301570	0
15	000564	西安民生	9.97	10.48	0.95	10.48	-	24737	5	0.00	0.74	10.48	10.48	10.48	9.53	51.60	2592万	0.66	百货	陕西	0.00	10.48	19404	5333	3.64	695669	0
16	600081	东风科技	9.72	20.88	1.85	20.85	20.88	209965	1	0.14	6.70	18.90	20.93	18.02	19.03	24.43	4.24亿	10.39	汽车配件	上海	15.29	20.19	115533	94432	1.22	29	32
17	002709	天赐材料	7.68	43.60	3.11	43.57	43.60	31010	2	0.13	5.47	43.43	44.20	42.13	40.49	108.27	1.34亿	9.23	化工原料	广东	5.11	43.27	12589	18429	0.68	4	3
18	600150	中国船舶	7.62	52.95	3.75	52.91	52.95	784603	78	-0.28	5.69	50.22	54.12	49.92	49.20	146.55	41.0亿	13.58	船舶	上海	8.54	52.22	412590	372012	1.11	42	204
19	600260	凯乐科技	7.43	16.20	1.12	16.19	16.20	286877	137	-0.12	5.44	15.33	16.30	15.88	15.08	75.02	4.57亿	3.51	白酒	湖北	8.09	15.91	125600	161376	0.78	2	68
20	002555	顺荣三七	7.14	45.00	3.00	44.99	45.00	147986	19	-0.59	9.31	46.20	46.20	44.33	42.00	108.78	6.71亿	16.02	汽车配件	安徽	4.45	45.31	66561	81425	0.82	7	686
21	002669	康达新材	7.07	27.40	1.81	27.40	27.50	152386	121	-0.43	11.60	25.20	27.03	25.06	25.59	46.39	4.08亿	3.18	化工原料	上海	11.22	26.75	66356	86030	0.77	69	47
22	002480	新筑股份	6.81	13.65	0.87	13.65	13.66	484039	65	-0.07	7.75	13.16	13.80	12.91	12.78	-	6.48亿	13.04	机械基件	四川	6.96	13.39	185347	298692	0.62	4	335
23	600685	中船防务	6.45	59.60	3.61	59.50	59.60	161286	21	-0.41	3.68	55.80	61.57	54.08	55.99	-	9.42亿	10.83	船舶	广东	13.38	58.39	60919	100366	0.61	5	27
24	002631	德尔家居	6.04	25.64	1.46	25.63	25.64	163624	44	-0.15	5.77	26.60	26.60	25.21	24.18	102.59	4.26亿	4.66	家居用品	江苏	5.75	26.06	98462	65162	1.51	72	101
25	000922	佳电股份	4.50	14.62	0.63	14.61	14.62	152641	10	-0.20	5.11	14.00	14.97	13.80	13.99	-	2.21亿	3.14	电气设备	黑龙江	8.36	14.45	70305	82335	0.85	94	10
26	603009	北特科技	4.44	35.30	1.50	35.30	35.55	21119	3	-0.33	7.88	36.45	36.45	34.51	33.80	82.74	7511万	4.84	汽车配件	上海	5.74	35.56	11052	10067	1.10	5	24
27	002190	成飞集成	4.03	55.97	2.17	55.96	55.97	134173	1	-0.05	3.89	54.50	57.50	54.11	53.80	516.43	7.52亿	2.70	汽车配件	四川	6.30	56.08	62261	71912	0.87	277	9
28	002464	金利科技	3.73	47.78	1.72	47.73	47.78	85595	52	-0.52	9.23	45.94	49.28	45.15	46.06	-	4.08亿	3.94	塑料	江苏	8.97	47.71	35299	50296	0.70	5	24
29	601872	招商轮船	3.60	10.35	0.36	10.34	10.35	198.5万	1505	-0.48	4.20	9.76	10.60	9.71	9.99	54.20	20.4亿	4.03	水运	上海	9.71	10.26	799096	118.6万	0.67	211	1269
30	002189	利达光电	3.37	26.05	0.85	26.05	26.08	39544	31	-0.11	1.99	25.10	26.50	24.80	25.20	-	1.02亿	2.21	元器件	河南	7.06	25.85	19160	20393	0.94	19	17
31	002260	德奥通航	3.28	37.44	1.19	37.39	37.44	93547	9	0.37	3.53	36.30	38.15	35.51	36.25	-	3.47亿	8.75	航空	广东	7.28	37.14	39649	53898	0.74	10	149
32	002745	木林森	3.18	45.42	1.40	45.42	45.43	29654	9	-0.10	6.66	47.00	47.00	45.00	44.02	54.69	1.37亿	3.40	半导体	广东	4.54	46.07	14735	14918	0.99	1	1
33	002184	海得控制	3.02	42.67	1.25	42.18	42.67	22438	191	1.35	1.68	40.92	42.87	40.00	41.42	160.30	9203万	1.50	软件服务	上海	6.93	41.02	10266	12172	0.84	1	72
34	600621	华鑫股份	1.82	12.87	0.23	12.86	12.87	266053	31	-0.38	5.09	13.00	13.59	12.80	12.64	33.74	3.50亿	5.62	全国地产	上海	6.25	13.12	126315	140538	0.90	158	23
35	000777	中核科技	1.63	35.62	0.57	35.62	35.67	168832	90	-0.08	4.40	34.43	36.02	33.95	35.05	175.33	5.89亿	1.67	机械基件	江苏	5.91	34.90	83131	85701	0.97	34	26
36	002373	千方科技	1.50	38.63	0.57	38.61	38.62	39874	26	0.02	1.83	38.00	39.00	37.50	38.06	106.67	1.54亿	1.47	软件服务	北京	3.73	38.54	18635	21238	0.88	99	3
37	300277	海联讯	1.35	27.12	0.36	26.95	27.12	12641	2	0.00	2.39	26.60	27.89	25.82	26.76	-	3404万	1.05	软件服务	深圳	7.74	26.93	6571	6069	1.08	10	37
38	002117	东港股份	1.32	38.46	0.50	38.43	38.46	49105	100	-0.56	1.36	40.50	40.50	37.60	37.96	78.26	1.91亿	2.50	广告包装	山东	7.64	38.96	24915	24190	1.03	2	23
39	300367	东方网力	1.22	58.30	0.70	58.30	58.41	18907	1	-0.18	1.23	56.79	59.00	55.13	57.60	169.38	1.09亿	1.11	电脑设备	北京	6.72	57.60	10353	8553	1.21	9	12
40	000521	美菱电器	1.05	7.67	0.08	7.67	7.69	114067	30	-0.13	1.92	7.52	7.75	7.50	7.59	26.65	8731万	2.05	家用电器	安徽	3.29	7.65	50382	63685	0.79	340	234

图2-22　上证指数2015年8月13日行情报价

如图2-22所示，按照“涨停脉冲”选股，选出上证指数2015年8月13日当天9:25-9:30之间第一版面的个股，我们将该第一版面所有个股存入狙击板块。从规避风险当天获利的角度出发，高开涨幅超过4点的个股我们一律剔除；涨幅低于2的个股，我们也一律将其从狙击股池进行剔除，最后，在9:30前筛选保留个股如图2-23所示。

	代码	名称	涨幅%	现价	涨跌	买价	卖价	总量	现量	涨速%	换手%	今开	最高	最低	昨收	市盈(动)	总金额	活跃度	细分行业	地区	振幅%	均价	内盘	外盘	内外比
1	300114	中航电测	2.71	47.00	1.24	46.96	47.00	3125	3125	0.00	0.15	47.00	47.00	47.00	45.76	266.52	1469万	1	元器件	陕西	0.00	47.00	1563	1562	1.00
2	002066	瑞泰科技	4.12	28.31	1.12	28.31	28.47	12263	12262	0.00	0.53	28.31	28.31	28.31	27.19	382.83	3472万	1	其他建材	北京	0.00	28.31	6131	6131	1.00
3	002269	美邦服饰	2.39	12.00	0.28	11.99	12.00	69629	69629	0.00	0.28	12.00	12.00	12.00	11.72	195.39	8355万	1	服饰	上海	0.00	12.00	34815	34814	1.00
4	000006	深振业A	2.93	14.38	0.41	14.36	14.38	42099	42099	0.00	0.31	14.38	14.38	14.38	13.97	24.07	6054万	1	区域地产	深圳	0.00	14.38	21050	21049	1.00
5	600477	杭萧钢构	2.51	11.03	0.27	11.02	11.03	20824	20824	0.00	0.35	11.03	11.03	11.03	10.76	188.54	2297万	1	钢加工	浙江	0.00	11.03	10412	10412	1.00
6	600247	*ST成城	3.79	17.79	0.65	17.60	17.79	7815	7815	0.00	0.23	17.79	17.79	17.79	17.14	-	1390万	1	商贸代理	吉林	0.00	17.79	3908	3907	1.00

图2-23　上证指数2015年8月13日涨停脉冲池

利用涨停脉冲选股的第一个目的是选出当天的强势个股，当天狙击，当天力争有一定获利空间，最好该股能够涨停；第二个目的是狙击强势个股，不排除该股处于加速波的尾声，所以不要恋战，可降低操作级别，短线获利，破位出现卖点闪人。下面就以上证指数2015年8月13日行情走势为例，进行详细讲解。

请看上证指数2015年8月13日行情走势，如图2-24所示。

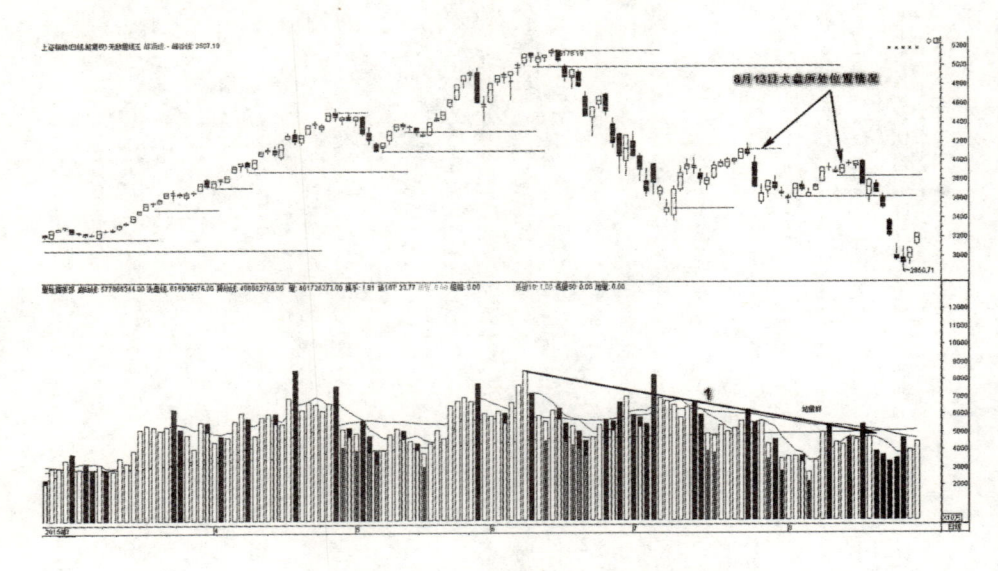

图2-24　上证指数2015年8月13日行情走势图

在2015年8月13之前一周之内，笔者对于大盘的研判目标是4100点，也就是主图箭头部分所指位置。在当时的环境下，从消息面来看，国家队"救市"的声音不绝于耳，笔者分析：一种情况，管理层在强力"救市"之下，股市展开反转，重新走出一波行情，但是因为左侧套牢筹码原因，即使立即展开反转行情，但是展开加速拉升的概率并不大；另一种情况，大盘采取横盘震荡方式拿时间换空间或者继续寻底方式缓冲空方压力，很典型的标志是大盘结束缩量波（标识1）走势并展开放量突破。但是不管大盘后期趋势方向如何选择，对实战而言，眼前4100点的峰顶线位置的套牢盘抛压是客观存在的，所以，理性的做法是，如果在4100点位置大盘不能展开有效放量突破，逢高

— 48 —

仓位减持就变得非常必要了。

在确定当时大盘环境可短线操作之后，接下来就是选择强势目标个股，以短线交易为主。笔者通过运用"涨停脉冲"战法，将目标股锁定到10只以内，剩下的时间就是确定具体介入的个股了。以下对"涨停脉冲"股池内目标个股逐一进行分析。

第一只目标股是中航电测，如图2-25所示。

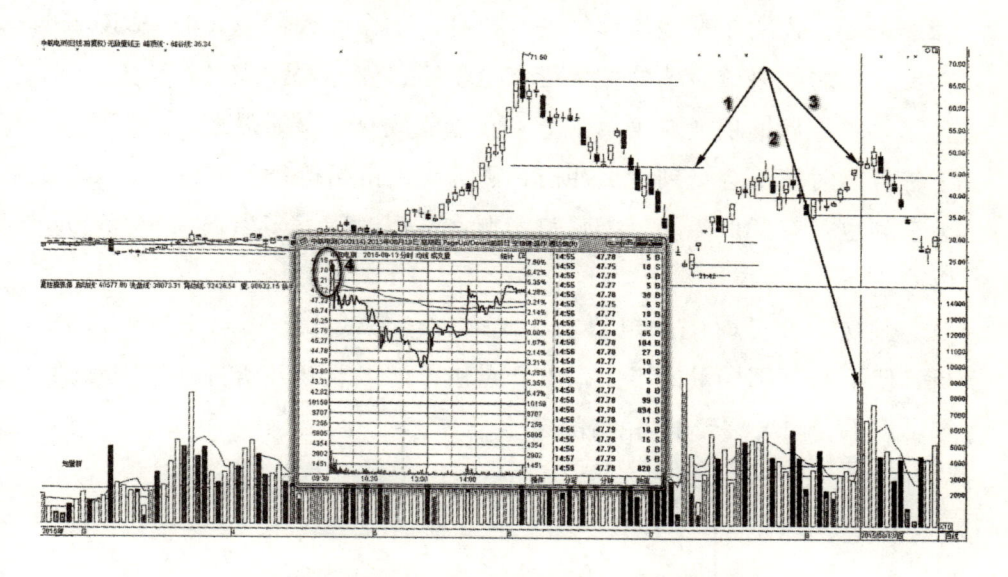

图2-25 中航电测2015年8月13日行情走势图

从图2-25中可以清晰地看出，2015年8月13日该股跳空高开站在左侧黄金线（标识1）之上。假设该股后续顺利上冲，当天首要的任务是突破黄金线45.96元位置，要想顺利突破，必须伴随量能放大展开上冲，但是因为45.96元黄金线位置堆积大量套牢筹码，在突破的同时也会伴随抛压产生，所以，如果巨量突破无效，难免主力会展开再一次的洗盘动作。

所以通过对中航电测8月13日的操盘研判，风险和机会基本上各占一半，确认企稳45.96元黄金线位置也就显得尤为重要了。在9:30之后，该股巨量（虚拟量）高开高走，开盘瞬间巨量冲击到7个多点，如果7个点左右介入，不光风险大，利润空间也小多了，如果该股还有机会，就是分时缩量波结束，再次放量冲击新高的机会，但是，在上午收盘之前，并未出现实质性有效买点。

需要注意的是，通过对涨停板的研究分析，在当天交易中最先封涨停最好，说明庄家是有计划进行拉高，不会受大盘当天涨跌的影响太大，加之如果该股票的技术形态也不错，涨停往往能封得很快。而且如果涨停后堆积大量买单，上午收盘前成交量萎缩得很小，那么在下午开盘时就不会受到什么冲击，涨停封死的可能性就非常大，第二天获利也就有了保障。该类强势股票在涨停时间上多出现在10：30分以前。

其次，在分时图的走势上，笔者在《量线出击》当中也做过分析，股票高开回档最好不要跌破开盘价，如果跌破开盘价甚至跌破到零轴以下，当天该股走弱的概率就偏大了。

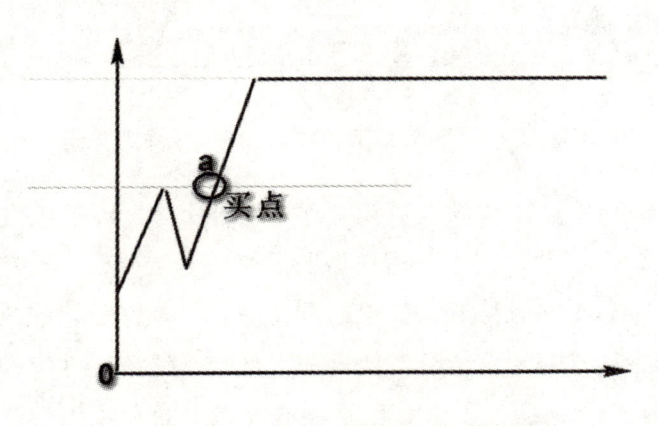

图2-26　涨停脉冲分时抓涨停分析图

如图2-26所示，对于涨停脉冲股池中的个股，如果开盘直接冲击涨停,从短线获利的角度原则上不追高,而是狙击该股回档买点机会,避免因为追高造成资金损失。所以8月13日中航电测开盘惯性上冲至7个多点,但是回档跌破了开盘价甚至跌到0点以下,我们放弃对该股的实战操作。

第二只目标股是瑞泰科技,如图2-27所示。

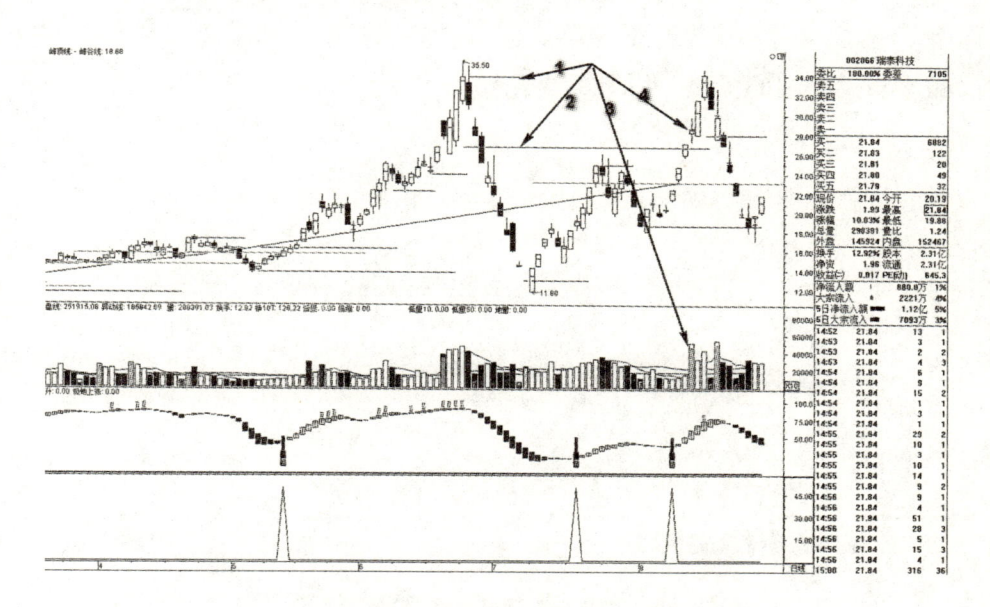

图2-27 瑞泰科技2015年8月13日行情走势图

为了做好对比,笔者在"涨停脉冲"股池中保留了一只高开7个点以上的个股瑞泰科技,主要是让读者深入理解刻意追高带来的风险。

从图2-27可以看出,2015年8月12日瑞泰科技以缩量涨停的方式突破左侧黄金线筹码集中区(标识2),体现了主力高度控盘的状态。接下来我们要关注的就是8月13日开盘之后股价对于26.76元黄金线的企稳情况,通过该股K线所处位置,我们对于该股做出提前预判,目标区域为黄金线26.76元—峰顶线33.92元(标识1)。

8月13日该股高开7个多点之后惯性上冲接近涨停,然后迅速展开回档，并且股价深度打压至接近前一天收盘价，在当时的环境下，如果投资者一开盘后直接接入，当天就会面临接近10个点的跌幅。当然，在此环境之下，存在两种情况：①主力利用冲高出货；②主力主动性上冲因抛压过重受阻。但是不管是主力出货还是冲高受阻，对于散户当天的追高交易而言都是致命的，因为投资者无法判断明天或者后天是否主力继续展开上冲反攻，反之如果回档，则难免会陷入套牢或者被迫止损的境地。如图2-28所示。

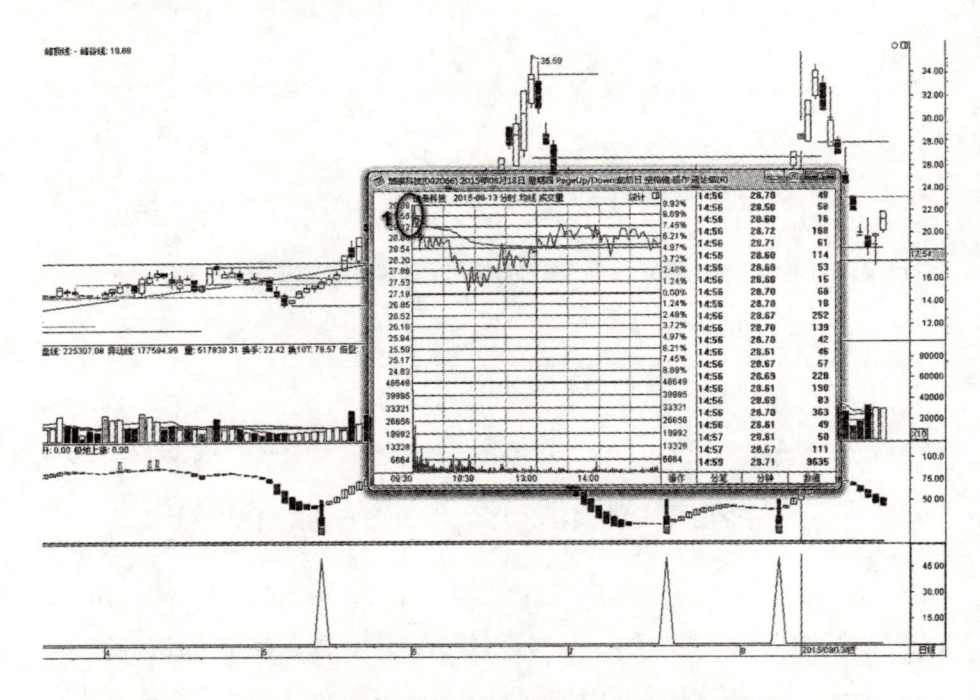

图2-28　瑞泰科技2015年8月13日分时走势图

所幸的是，该股于8月14日一举收复8月13日上影，代表主力8月13日上冲受阻，主力力挽狂澜，投资者可以在8月14日股价突破13日高点位置短线狙击参与，持股目标33.92元位置，最终该股最高股价到34.74元开始展开回调。

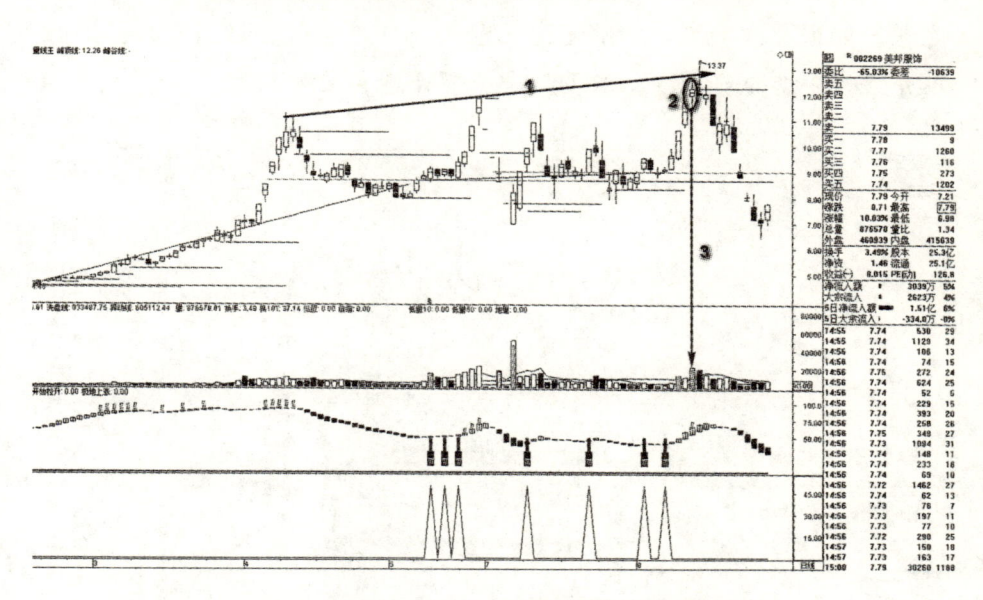

第三只目标股是美邦服饰，如图2-29所示。

图2-29 美邦服饰2015年8月13日行情走势图

从图2-29中可以看出，8月12日该股涨停收盘，但是股价仍然处于左峰峰顶线11.86元之下，要想使股价展开顺利拉升，该股将不可避免地面临11.86位置区域的抛压，同时我们可以发现，如果该股真要展开加速拉升，除了峰顶线位置存在抛压之外，作为技术派人士，难免在黄金通道线（标识1）位置也会产生筹码抛压行为。按照这种分析，如果投资者在13日位置强行介入，两大抛压位置难免让人心生忐忑，收益有限但风险偏大。按照分析，该股上涨空间在11.86—13.37元。

如图2-30所示，该股开盘瞬间最高冲击12.63元，与13.37只有一步之遥，如果再次追高，依然是毫无意义，并且通过分时图来看，该股不光跌破开盘价还顺势跌破0点，当天操作意义依然不大。

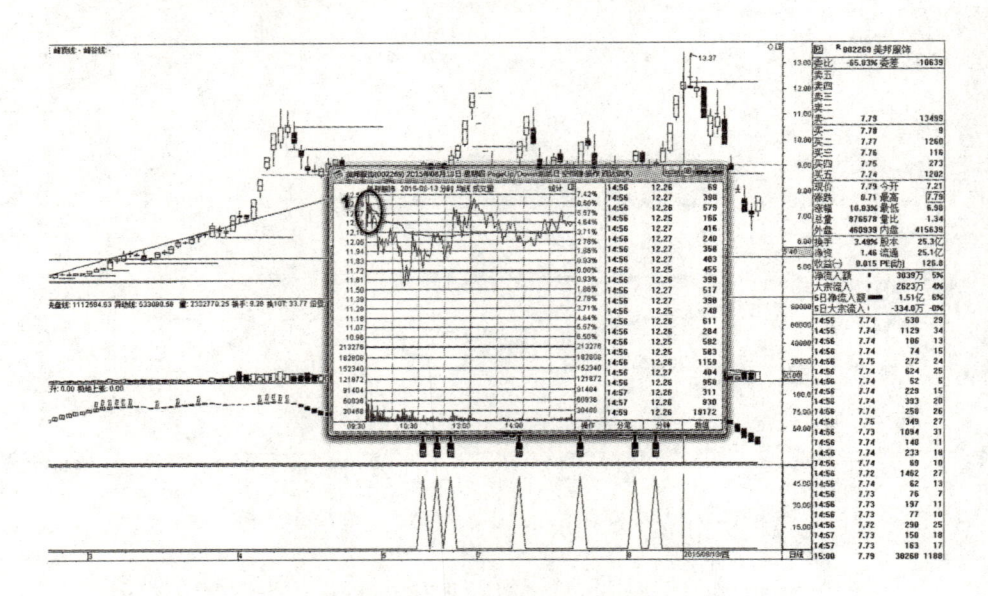

图2-30 美邦服饰2015年8月13日分时走势图

第二章 牛股量形实战技法

第四只目标股是深振业A，如图2-31所示。

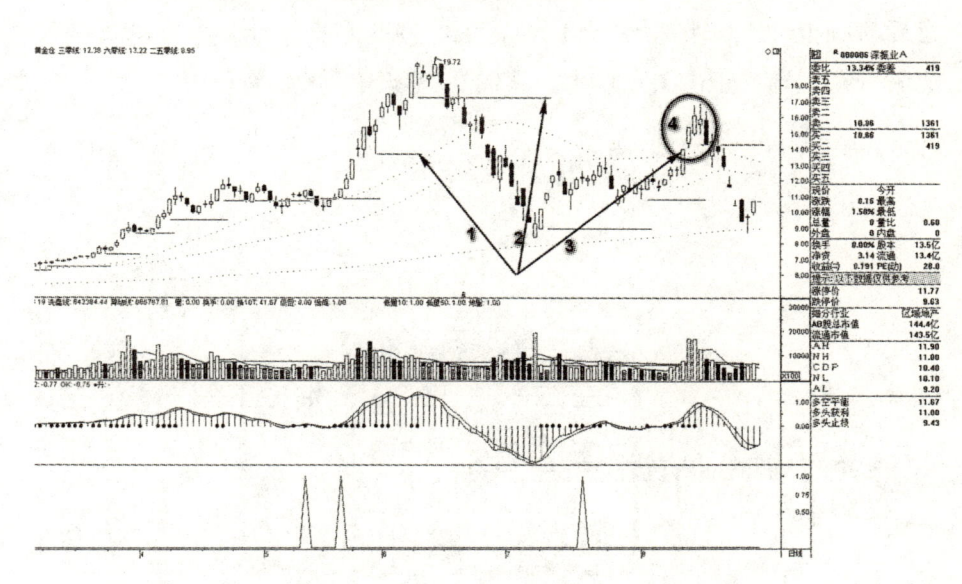

图2-31 深振业A 2015年8月13日行情走势图

按照前面几个案例的分析经验，以下是对图2-31的具体分析。

（1）黄金线（标识1）位置股价为13.66元；

（2）8月12日该股收盘股价为13.97元（标识3），缩量涨停企稳黄金线（标识1）；

（3）该股的目标活动区间13.66元（标识1）—17.22元（标识2）。

通过以上三点来看，该股以缩量涨停的形式企稳左侧黄金线13.66元，一方面代表多空双方看多意见统一，抛压较轻，主力控盘度较高；另一方面从涨幅空间判断，股价上冲有20个点左右的空间，从短线实战角度来看完全有利可图。因此，从量形技术走势分析，该股基本符合我们的选股要求，短线收益远远大于所面临的风险，可重点监控。

如图2-32所示，我们可以清晰地看出，该股开盘高开2个多点，开盘后直线上冲至6个多点展开回档，但回档并未跌破开盘股价，当再次突破分时左峰，狙击买点产生，我们在突破瞬间可以展开狙击。

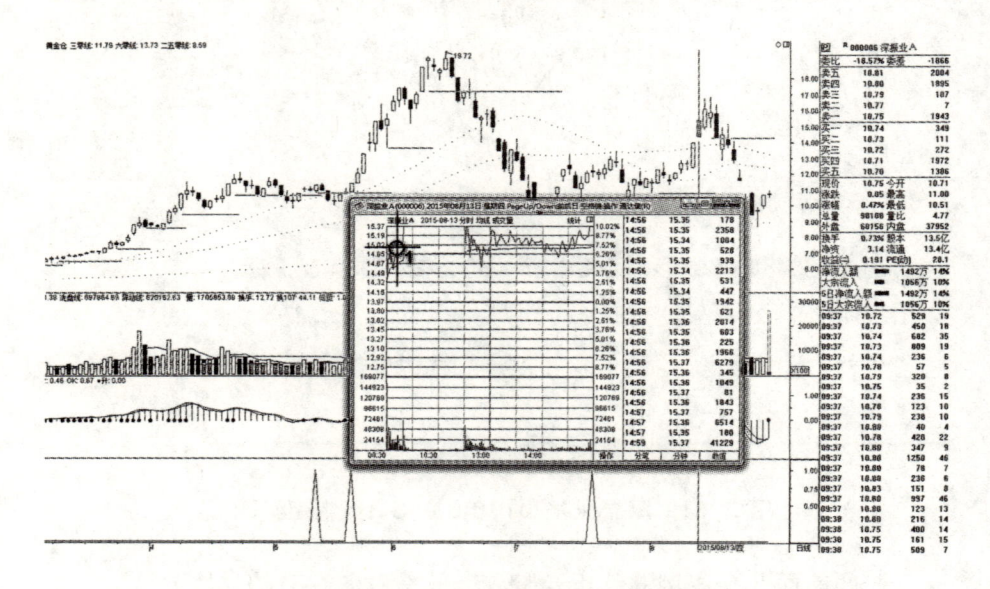

图2-32 深振业A 2015年8月13日行情走势图

该股收盘当天涨停，随后两天该股惯性上冲，最高股价为16.89元，但因量能不济，展开回调，两天时间获益10个多点，完成了一个成功的短线操作。

所以，"涨停脉冲"战法最大的优点是让投资者第一时间从接近3000只股票当中锁定狙击目标范围，将目标控制在10只股票以内。当锁定当天的强势个股之后，投资者要做的就是利用量形技术，进行优中选优，确定狙击目标。

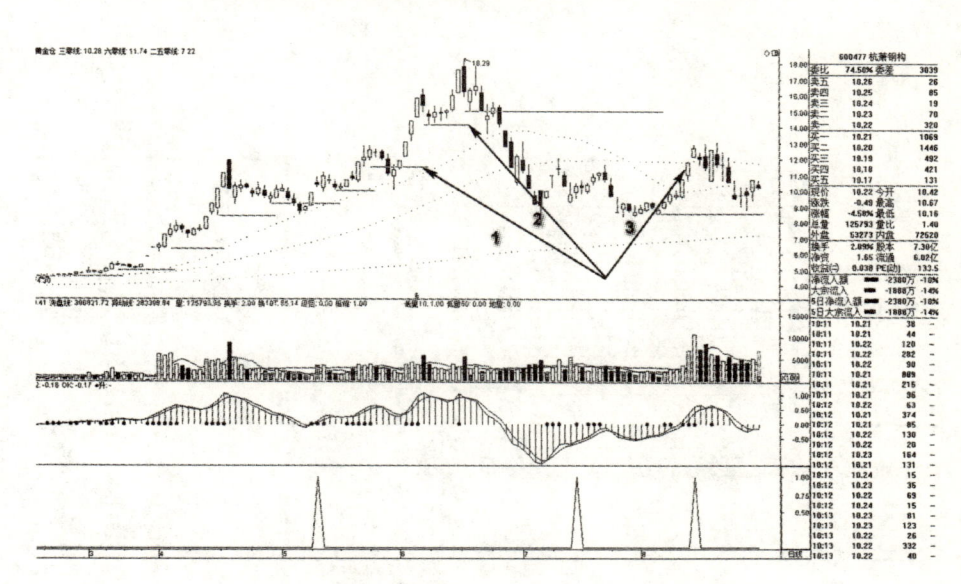

第五只目标股是杭萧钢构，如图2-33所示。

图2-33　杭萧钢构 8月13日行情走势图

结合前面的分析思路，以下是对图2-33的具体分析。

（1）黄金线（标识1）所指位置是11.49元；

（2）8月12日杭萧钢构收盘股价10.76元；

（3）假如顺利上涨，该股目标股价10.76元—14.16元。

该股既然进入了我们的"涨停脉冲"战法股池，那么制订操盘计划都是以假定获利为前提的，所以在狙击之前，分清收益和风险之间的关系是必不可少的。

假设2015年8月13日杭萧钢构顺利上涨，第一冲关位置是11.49元左侧黄金线位置的抛压区，如果盘中上冲量能不济，难免会冲关失败，这是风险点之一；另外如果确认突破11.49元但是量能透支，难免会产生洗盘需求，展开回调。所以量能的大与小、股价的涨与跌在8月13日试盘当天显得尤为重要。

下面再来看当天分时机会，如图2-34所示。

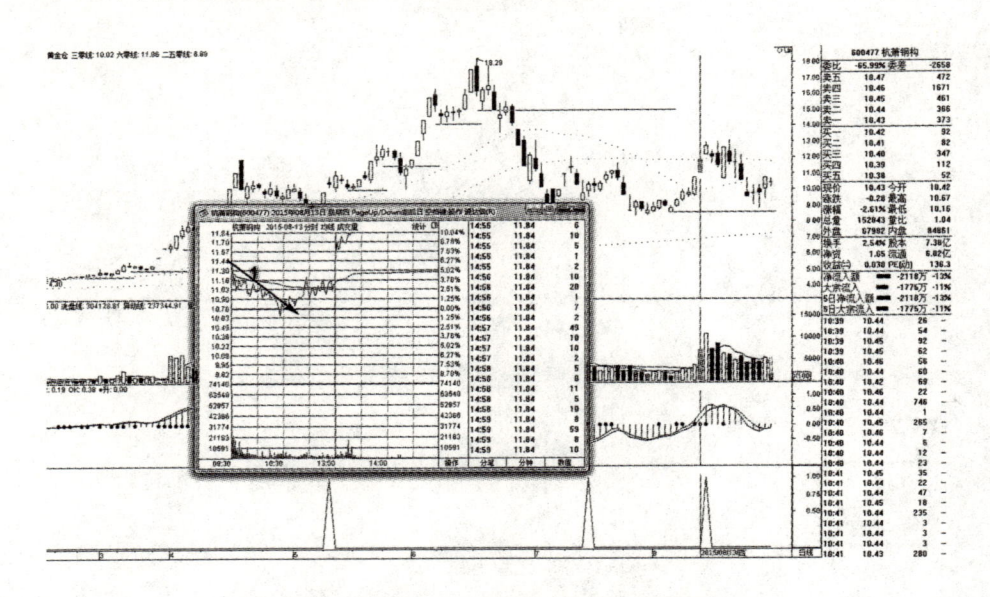

图2-34　杭萧钢构 2015年8月13日分时走势图

从图2-34杭萧钢构8月13日的分时走势图来看，当天开盘高开后迅速回档，甚至于10:30前由红盘变绿盘，不管该股后续走势行情如何波澜壮阔，按照分时和狙击涨停的时间要求，我们暂且放弃针对该股的短线操作。

8月13日该股下午直线拉涨停，并且放出近期的天量，8月14日继续放出几年来的天量，后伴随量能不能有效放大，该股展开回调。

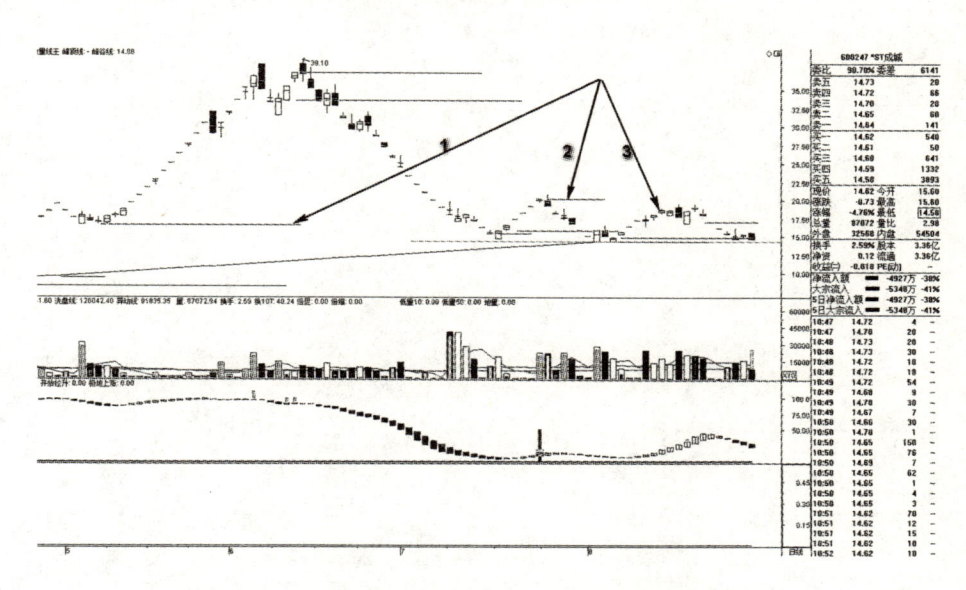

第六只目标股是ST成城，如图2-35所示。

图2-35 ST成城 2015年8月13日行情走势图

下面来具体分析一下ST成城的走势。

（1）该股左侧黄金线抛压位置股价16.62元；

（2）该股8月12日收盘价格17.14元，站在左侧黄金线之上；

（3）该股涨幅空间16.62元（黄金线）—20.15元（峰顶线）。

该股的短线实战下有支撑，上有空间，接下来我们要关注的就是盘中有无实战机会了。

如图2-36所示，从该股8月13日分时走势来看，该股盘中高开回档之后，再次突破分时左峰高点，狙击机会来临。

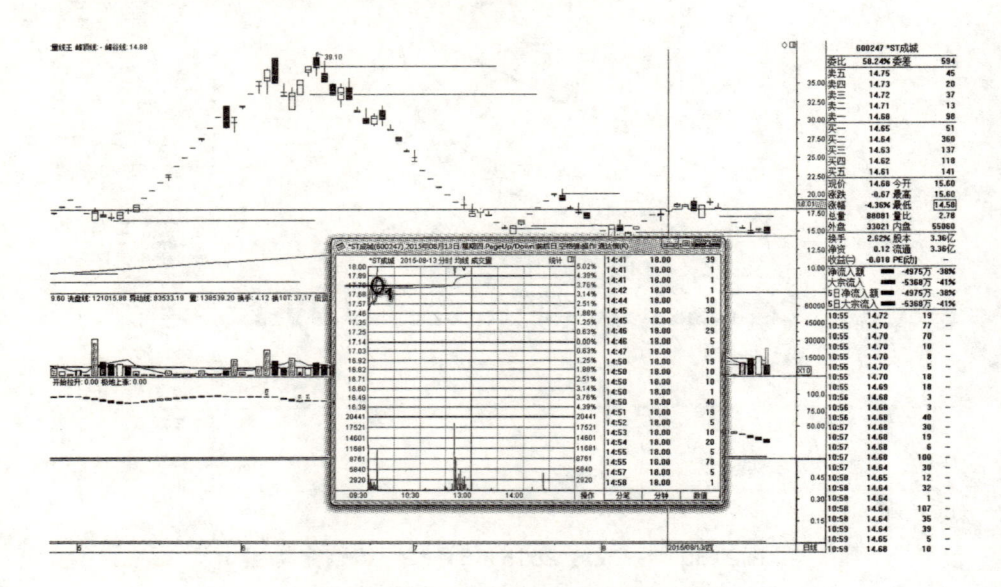

图2-36　ST成城 2015年8月13日分时走势图

小结

"涨停脉冲"战法炒股讲究稳、准、狠，在较短时间内实现短线快速获利，对于交易者的技术水平和盘中的反应能力要求较高，所以对于量形理论的系统学习就显得尤为重要。

第五节　实战案例分析

凡事预则立，不预则废。股市实战必须做到有备而战，不光要考虑其安全性，还要达到"赚快钱"之目的，这需要经过学习才能做到，否则只能是兴冲冲进市场，没打到猎物，却被当成猎物给狙击了。

前面四节从量形理论"赚快钱"的角度入手，重点讲解了四套股市实战获利的方法，除此之外，针对弱势环境或者震荡市环境的获利模式，笔者在《涨停擒牛十八法》中已经作了深入剖析，由于篇幅所限，本书不再一一赘述。

在实战当中如何进行实战分析，如何做出行之有效的判断，如何将量形理论发挥到极致，接下来，我们撇开大盘影响，完全从量形技术分析的角度，通过案例分析方式，为读者创造一种身临其境的感觉。

1.实战案例——国电电力

需要提醒各位读者的是，作为交易人员，需要学会对将来走势进行提前预判，但是如果后续行情走势同预判发生偏差，也要学会及时进行调校，面对超出预期的风险，及时执行止损和止盈策略。建立合理的止损原则相当有效，谨慎的止损原则的核心在于不让亏损持续扩大，因为任何时候保本都是第一位的，盈利是第二位的。

止损是证券投资的一项基本功。美国投资界有一个有用而简单的交易法则——"鳄鱼法则"（Alligator Principle），原意是：假定一只鳄鱼咬住你的脚，如果你用手去试图挣脱你的脚，鳄鱼便会同时咬住你的脚与手。你愈挣扎，就被咬住得越多。所以，万一鳄鱼咬住你的脚，你唯一的机会就是牺牲一只脚。在股市里，当你发现自己的交易背离了市场的方向，必须立即止损，不得有任何延误，不得存有任何侥幸。

那么在明白止损的重要性之后，我们结合国电电力来进行实战分析，如图2-37所示为国电电力2014—2015年行情走势图。

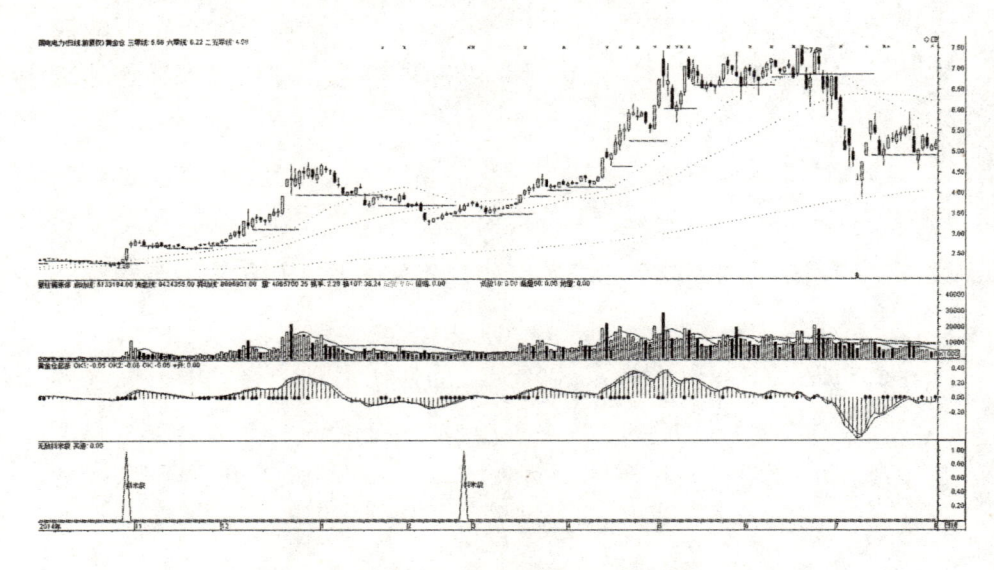

图2-37　国电电力2014—2015年行情走势图

如图2-38所示为国电电力2015年行情走势图。

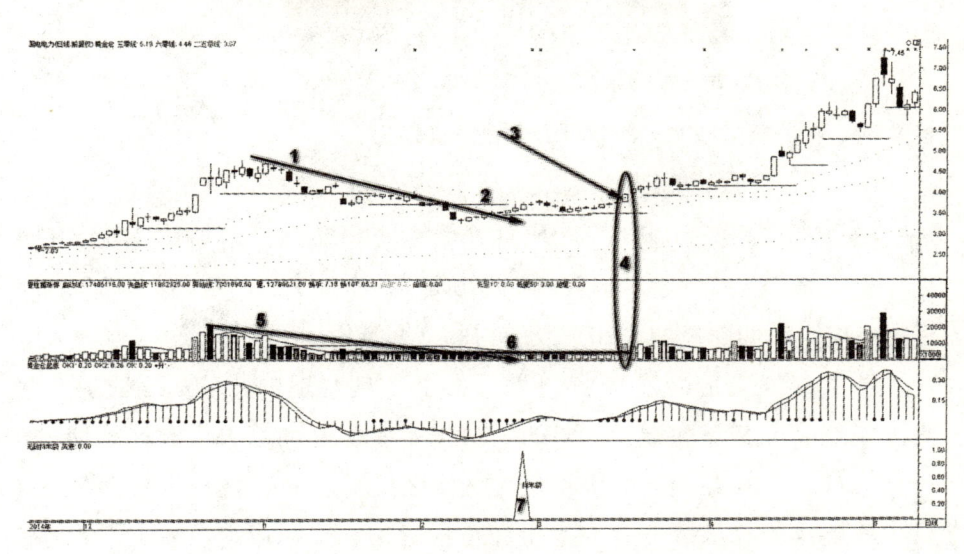

图2-38 国电电力2015年行情走势图

从图2-38中标识1可以看出，股价在前期高位经过两周左右的横盘开始进入下降通道，但是显著的运行特征是，股价下行过程当中成交量急剧萎缩，并形成了标识6的凹底平量波。实际上这里面包含以下两层含义：

（1）高位下跌过程，并无放量产生，说明主力抛压不严重，洗盘概率较大；

（2）在形成凹底平量波（标识6）的过程当中，股价止跌，说明空方力量已经接近衰竭，多空双方将面临方向选择。

按照前面的"一柱一线一波"战法，该股符合"一线"（标识1）和一波（标识5）实战要件，但"一柱"表现美中不足，"一柱"就如同"踩油门"，成交量不能有效放大，上冲动力就会大打折扣，并且，从图中可以清晰看出，标识2位置是黄金线压力位置，如果成交量不能有效放大，又面临头顶黄金线区域套牢筹码的抛压，突破谈何容易？当然，如果在当前成交量状态下，股价产生涨停，则情况发生逆转，说明主力已经具备高度控盘特征，可以短线参与。

所以，国电电力的实战狙击机会我们要关注以下两点。

（1）成交量放大，结束凹底平量波趋势；

（2）股价站上标识2黄金线3.72元。

通过观察，在2015年3月17日该股产生倍量量柱，股价上涨5.04点，牢牢站稳3.72元，所以3月17日就是"一柱一线一波"战法的实战狙击点位，后面随之迎来20个点左右的涨幅空间。

从实战操盘的角度而言，主力在挑选到合适的投资标的之后，为了能够吸取到更加廉价的筹码，借助手头已有的筹码，有计划地进行刻意打压，并且使其跌穿市场中的重要支撑位置，造成一种恐慌气氛，前期难免有部分资金产生主动止损行为，造成成交量放大。在这种气氛之下，主力不会有意进行护盘，甚至会小仓位打压，所以股价不会出现较大反弹，反而导致重心下移，让投资者越补越套。

在此环境之下，个股几乎没有赚钱机会，最后投资者彻底崩溃，缴械投降，在底部交出廉价筹码。而当股价调整到一个相对低的位置时，市场中的惜售心理已经非常浓厚，成交量萎缩到极致，主力也无法再吸纳到更多筹码，这时一般酝酿着一个巨大升势，待"一柱一线一波"实战要件具备，"赚快钱"的机会也已来临。

在实战当中，对于"一柱一线一波"战法形成的凹底，例如"凹底平量波""凹底缩量波"等，形成的时间越长，主力吸筹会越充分，可信度会越高，如果时间过短，形态上缺乏稳定性，除非主力已经提前潜伏，实现了高度控盘，否则投资者应少参与或尽量不参与。当然，从流通盘的角度而言，盘子越大，需要的时间也相对会越久。

通过本案例，笔者提醒大家，在选择实战标的制订操盘计划的同时，要关注该标的头顶左侧量线位置带来的实质性压力。例如，计划狙击位置距离头顶黄金线、精准线、峰顶线、谷底线等量线越近,并且该量线区域成交量波越大,那么带来的实质性抛压会越重,原则上笔者会建议大家回避,等企稳头顶量线之后再行考虑。

在该案例中,从量形理论的角度分析,产生凹底缩量量波(标识6)的本质含义为主力主动性打压吸筹,为了辨别其可信度,我们可以从以下几个方面进行研判:

(1)凹底缩量量波周期长,主力打压吸筹越充分,可信度越高;

(2)凹底缩量波结束展开放量股价上冲可信度较高,或者无量大阳上冲,预示主力资金已经控盘,可以重点关注;

(3)原则上,从形成凹底符合"一柱一线一波"狙击买点,到股价开始上涨,第一涨幅目标为左侧凹沿位置,原则上先出来,待突破左侧凹沿之后股价再次回档左侧凹沿,再次符合"一柱一线一波"战法,实现第二次狙击。

再看国电电力2015年行情走势,如图2-39所示。

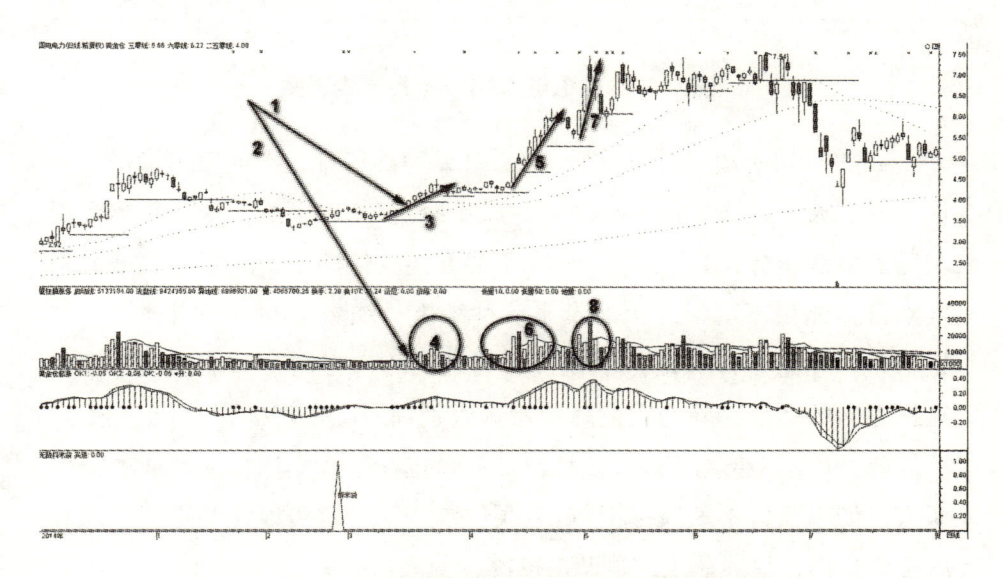

图2-39 国电电力2015年行情走势图

如图2-39所示，国电电力在2015年3月17日形成"一柱一线一波"战法买点之后，展开了三波式加速波拉升，而第三波标识7就是投资者功成身退减仓之时。

国电电力2015年行情走势，如图2-40所示。

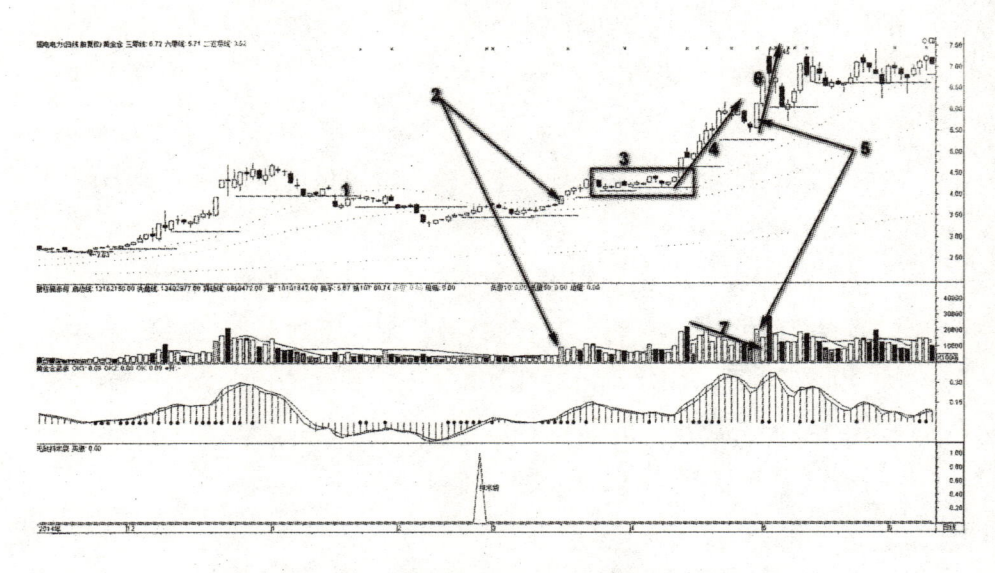

图2-40　国电电力2015年行情走势图

如图2-40所示，分解来看，在2015年3月17日，国电电力形成"一柱一线一波"战法狙击买点之后，股价经过5天的上涨，股价牢牢企稳左侧黄金线（标识1）上方，再次蓄势冲击左侧凹沿。所以从实战的角度而言，缩量不可怕，无非带来三种结果：缩量上冲、缩量横盘、缩量下跌。缩量上冲和缩量下跌都有明确的趋势方向，而缩量横盘则是选择方向的特征，除非我们降低操盘级别周期，发现标识2买点产生之后量能开始不能有效放大，3月25日可以选择短线卖出。从持股的角度而言，如果股价不跌破标识1黄金线位置，我们就可以继续持股，跌破后考虑止损，目标还是左侧凹沿的涨幅空间。

当然，在明确了第二波加速波（天量波）之后，我们可以大胆持股，并且及时调教第二波上冲通道角度（标识4），在跌破通道线标识4位置可以选择短线卖出。不过在卖出之前，我们应该对股价回档有所预判：股价回档左侧凹沿，不破左侧凹沿股价带量企稳，可以关注下一波狙击机会，但是要知道因为标识4所对应的量波为天量波，后续再次产生天量波的概率降低。所以，后续上冲空间也相对有限，原则上以短线操作为主。

在2015年4月30日，缩量波结束展开放量股价上冲之时，我们展开第三波的短线狙击，在持续三天上冲后，5月6日股价跌黄金通道线破标识6就是我们离场之时。

从上面的分析来看，整个实战过程"有理有据"，这也是我们在股市实战当中经常提到的"进退有据、速战急归"，因此，熟练掌握量学知识，可以使投资者对于机会的把握、风险的控制提前了然于胸，从而为在股市中获得良好的收益打下基础。

2.实战案例——特力A

请看特力A 2015年行情走势，如图2-41所示。

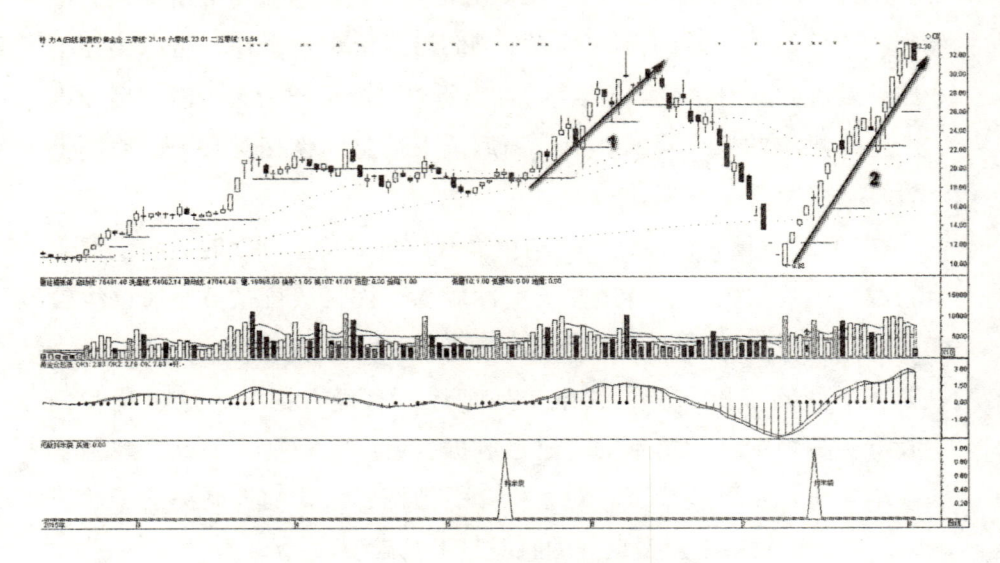

图2-41　特力A 2015年行情走势图

很多投资者靠消息操作股票，但是可能会忽略一点，主力相较于散户投资者对信息的敏感度、把控度会更高，所以，消息对于散户投资者永远是滞后的，但是这并不代表散户投资者在股市当中毫无机会。

我们知道，主力行为最大的一个特征是先知先觉，所有的利好和利空会提前在盘面有所体现。所以，散户投资者完全可以通过盘面的异动发现主力的操盘意图。消息的滞后或许会让我们错过主力的提前建仓、洗盘阶段，但是"加速段"依然可以成为我们的囊中之物，因此股市当中散户投资者不缺"赚快钱"的机会。下面就针对如图2-41所示的特力A的加速段标识1和标识2实战狙击进行详细分析。

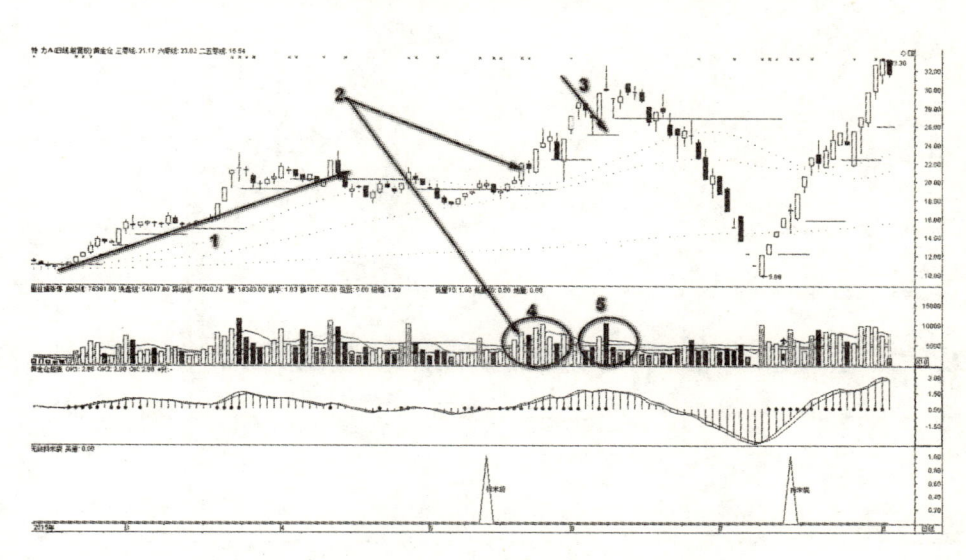

请看特力A 2015年行情走势，如图2-42所示。

图2-42 特力A 2015年行情走势图

如图2-42所示，标识1位置是一个标准的黄金梯走势。前面说过，黄金梯背后是主力的建仓行为和对主力控盘程度的体现。在标识1之后标识2之前阶段，股价回调属于典型的缩量征兆，说明主力从该股抽身出货的概率较小，但是也不排除如果该股在大环境差的情况下展开深度回档，所以该股将提前列入我们"黄金仓"战法股池。2015年5月25日在有效突破左峰（4月13日22.21元）位置就是我们的实战狙击点位。

4月13日之后，伴随着股价的上涨，特力A走出两波式加速波，但是因为第一波属于天量波，第二波空间受到明显抑制。所以，作为股市当中的先知先觉，我们可以忽略主力建仓拉升、洗盘阶段，但是完全能够通过盘面主力的建仓和洗盘行为挖掘出主力的操盘身影，在确认主力展开加速、"赚快钱"时机成熟之时介入，借此提高股市实战获利的效率。

请看特力A2015年行情走势，如图2-43所示。

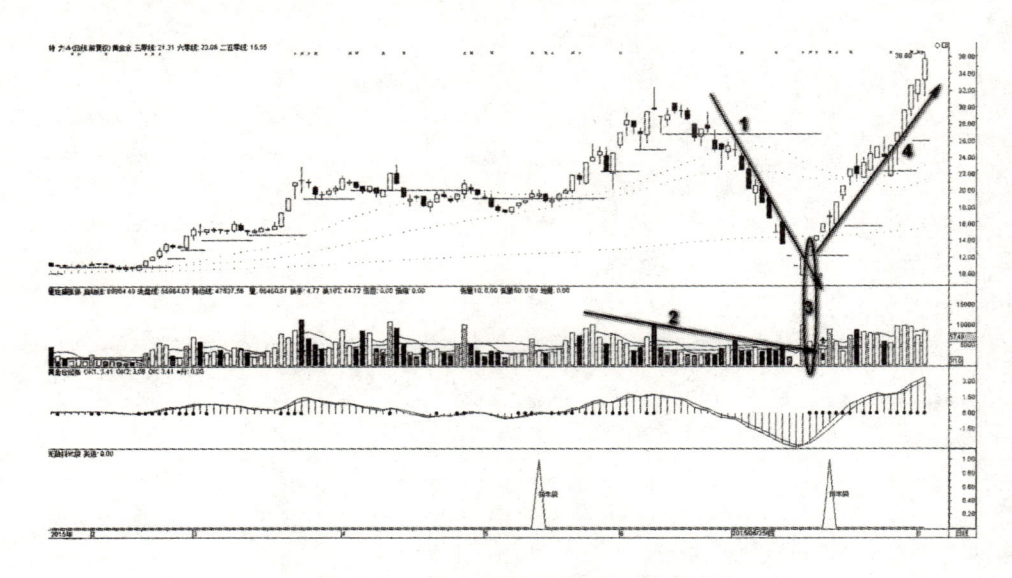

图2-43　特力A2015年行情走势图

前面讲过，当"黄金仓"加速波完结之时，股价将会面临调整，当然也不排除会产生叠加"黄金仓"的情况，但是前提是对于左峰进行再次的有效突破。如图2-43所示，在"黄金仓"加速波之后，特力A进行了深度回调，并且时间短，跌幅较大。在7月10日，该股重新符合了"一柱一线一波"战法，再次"赚快钱"买点产生。整个"一柱一线一波"战法涵盖了以下三个阶段：

（1）下跌阶段。时间越短，跌幅越深，预示的后续短线机会越大。

（2）转折阶段。放量大阳扭转原来的下行趋势，符合"一柱一线一波"战法，确认转折买点形成。

（3）上涨阶段。带量上冲，第一目标左侧凹沿位置。

从成交量的角度分析，下跌阶段主力运用缩量打压或者缩量波急剧打压；当股价跌无可跌，随后量能开始有明显放大，多空力量发生趋势扭转；在上涨阶段突破左侧凹沿必须有成交量的配合。在"一柱一线一波"战法买点确立之时，伴随成交量的放大，目标冲击左侧凹沿甚至会更高。截至8月4日，股价伴随成交量的放大，持续创出了新高（标识4）。

3.实战案例——青松股份

请看青松股份2015年行情走势，如图2-44所示。

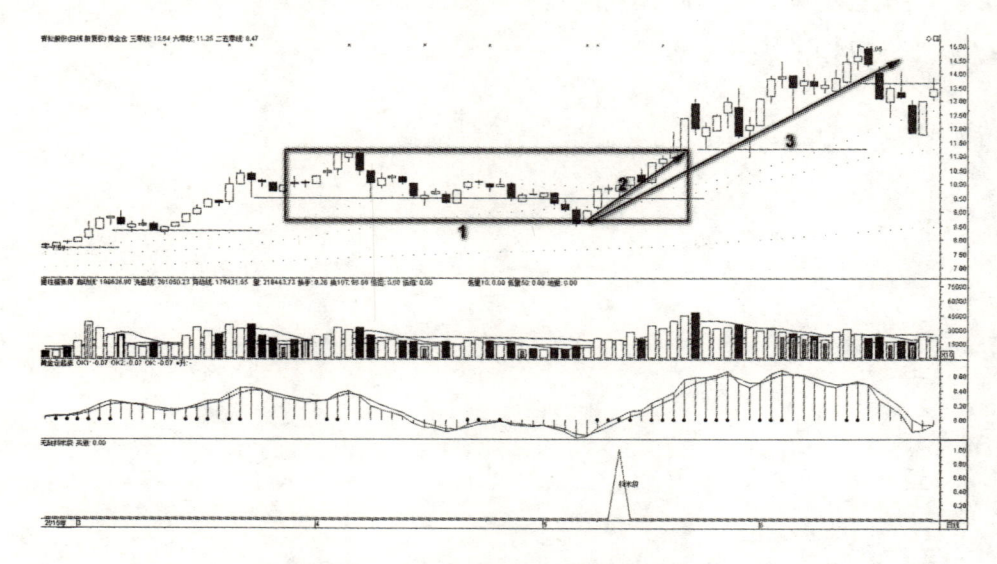

图2-44　青松股份2015年行情走势图

如图2-44所示，青松股份从2015年4月8日高位展开缩量回档，4月8日之前该股走出了标准的黄金梯走势。那么对于该股将来的走势可以提前研判如下：

（1）或者因为环境因素、或者主力操盘行为，该股进入长期的萎靡不振状态，股价一蹶不振；

（2）主力故意打压洗盘后，突然展开放量，下行趋势扭转，开始符合"抖米袋"战法买点；

（3）该股有效突破左峰，展开"黄金仓"加速波走势。

所以，在4月8日之后，该股的走势不外乎这三种状态。第1种弱势，我们回避参与，其余两种静待满足狙击条件。

请看青松股份2015年行情走势，如图2-45所示。

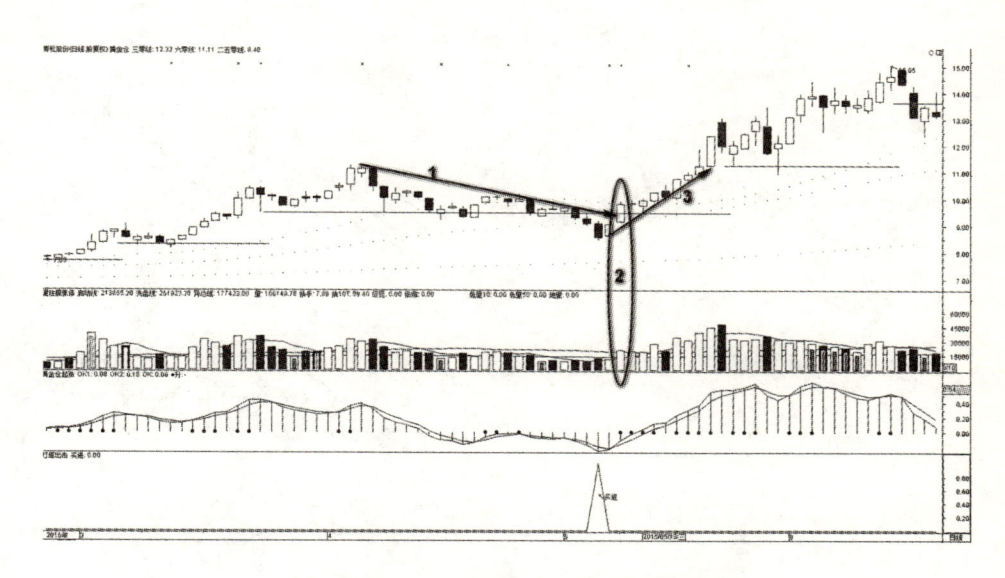

图2-45 青松股份2015年行情走势图

如图2-45所示，2015年5月11日青松股份符合"抖米袋"战法买点，我们可以在当天或尾盘分批参与筹码，狙击目标就是该股左侧凹沿位置。原则上来讲，我们还是划段操作，具体如下：

（1）股价接近左侧凹沿目标位置，如果量能不能持续放大，股价上冲乏力，分批减持仓位或先空仓；

（2）有效突破左峰，可以狙击"黄金仓"加速波机会。

当然如果在实战当中，假设我们在标识2位置按照"抖米袋"战法参与青松股份的实战操作，那么在股价上冲至左侧凹沿位置，如果发现量能动力不能延续放大股价有效上冲，可以先离场或者以分批减持仓位为主；但是如果带量有效突破，则可转为"黄金仓"加速波来进行持股。

请看青松股份2015年行情走势，如图2-46所示。

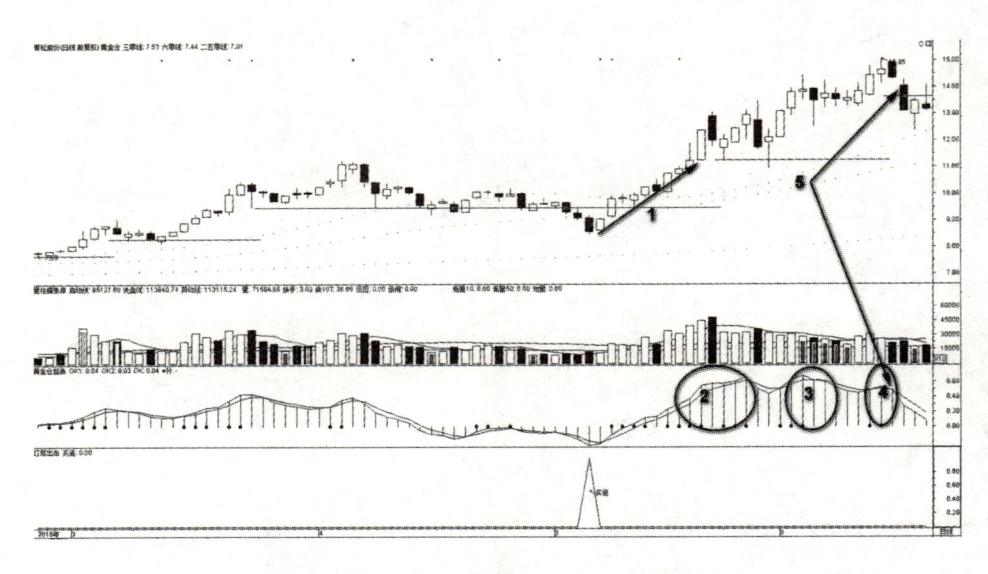

图2-46 青松股份2015年行情走势图

如图2-46所示，青松股份在2015年5月21日带量突破左侧凹沿，牢牢站在了左峰之上，"抖米袋"的空间机会和"黄金仓"加速波的主升浪机会实现了无缝衔接，这在很大程度上是依赖于我们对5月21日当天青松股份"量增价升"有效突破左峰的判断。

小结

量形知识博大精深，本章从量形理论入手，列举了"量形擒牛"的实战技法，投资者对其领会和掌握还需要一个过程。通过研判类似案例，投资者可以培养实战盘感，真正领悟其内在的实战要义。

第三章

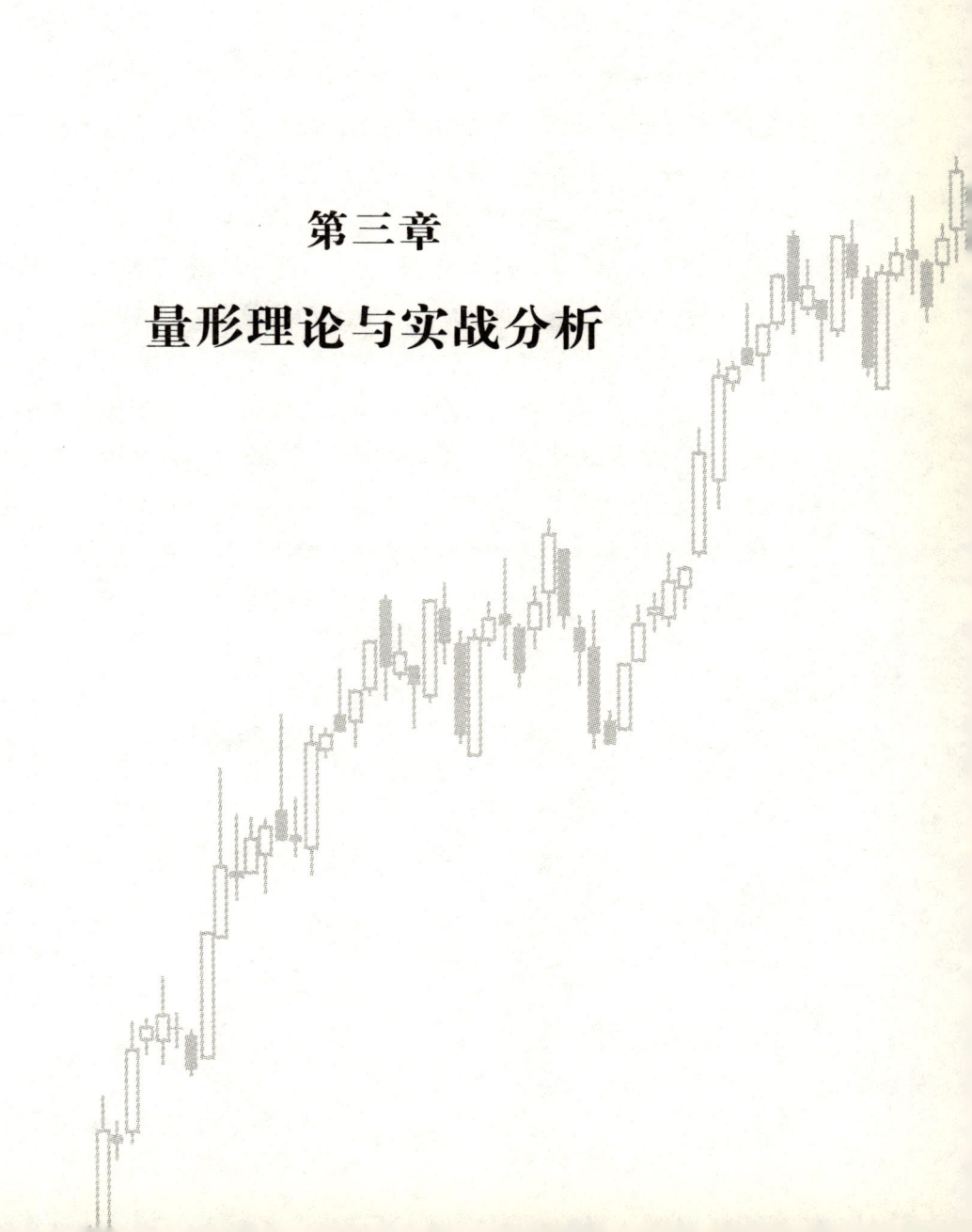

量形理论与实战分析

量形理论指出："股价在同一形态的运行具备一定的持续性，除非该持续性受外力干扰出现停顿或者反转。"量形理论是研判股价波段趋势产生调整或产生反转点的重要技术原则。

"趋势无法被精准地预测，但可以被有效地跟踪。"预判是对已经发生的结果进行确定性的判断。预判不是预测，预测是主观性的，而预判是客观性的。根据量形理论定义，实战当中我们常常借助量线对后期的股价走势进行"测量"和"研判"，而在传统技术当中常常用到的是颈线以及均线等。在量形理论当中，我们研究并关注量线，是将该位置作为判断主力后续走势意图的参照区，是上冲还是回档、抑或是震荡洗盘？在量形理论当中量线"测幅"的作用是通过研判量线位置的供需关系判断主力操盘意图，从而达成对股价运动空间的一种提前预判，从而使实战交易更加精准。

第一节　量形理论之"量线"元素构成

在量形理论的实战应用当中，量线反映的是一定时期内多空筹码力量对比以及主力操盘意图，研判时注重与股价形态相配合，对目前股价所处阶段是初升期、主升段还是末升期以及对股价未来变动趋势的研判起着重要的辅助作用，"量线"注重"攻、守"兼备、"进、退"自如。对画线的要求则是"依托量柱画量线"，例如在"飞毛腿"软件当中，真正的压力或支撑不是来自该量线，而是源于要么该量线位置堆积了大量筹码，要么体现了主力的操盘意志。

对于"量线"的研究笔者在《量线出击》一书中已经进行了深入解析，本节是在实战应用方面作进一步实战剖析。在实战当中，我们经常运用到以下五种量线。

1. 峰顶线

"峰顶线"分为"单峰"峰顶或"多峰"峰顶。单峰峰顶线是一条水平线，多依托于一根标志性量柱，而"多峰"峰顶线则是指多个单峰峰顶位置的连线，这条线有可能是水平线，也有可能是一条倾斜的直线。

请看2015年中信海直峰顶线图形特征，如图3-1所示。

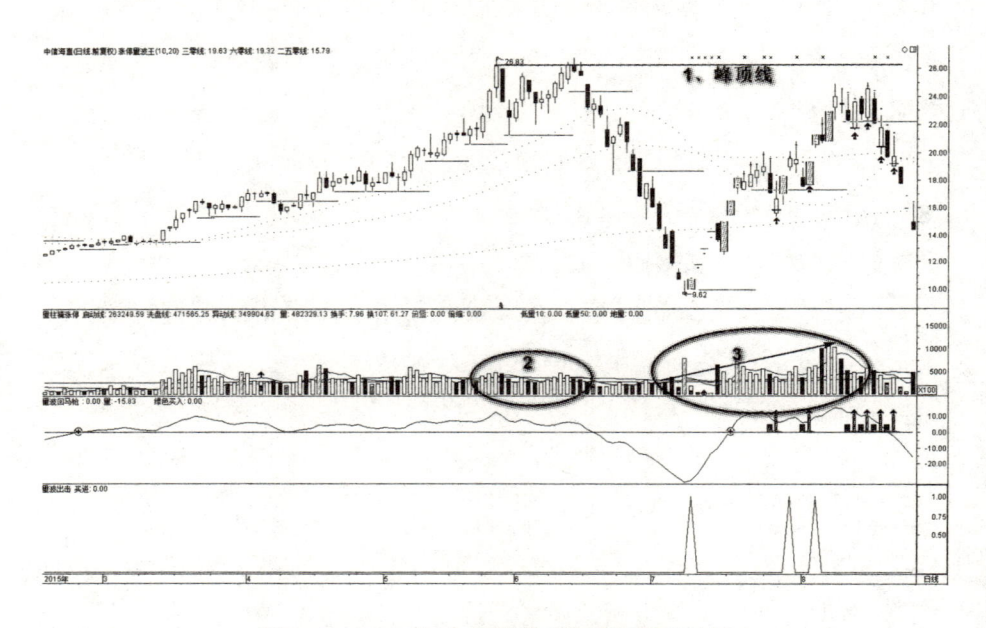

图3-1 2015年中信海直峰顶线图形特征

很多人对于峰顶线做出了不同的描述，但是在量学理论当中，用西山大师的话来讲量线的实战应用注重"形神兼备"，不能以偏概全，而利用量线狙击涨停板更是多种因素综合体现的结果。

如图3-1所示，就是属于典型的多峰峰顶线，在传统的技术当中，有人将峰顶线（标识1）描述为一根压力线，认为股价在该位置受到该线的压制，而根本的原因是，股价在触底反弹之后，伴随着主力资金的不断流入，股价展开反转式拉升，但是因为左侧套牢筹码的不断抛压，造成量能逐级放大后，形成典型的连环梯量量波，并且伴随着天量波的形成，在峰顶线之前，因为后续量能不济，股价展开自然回调。而峰顶线则起到一种引领方向和目标参照的作用。

再看2015年特力A峰顶线图形特征，如图3-2所示。

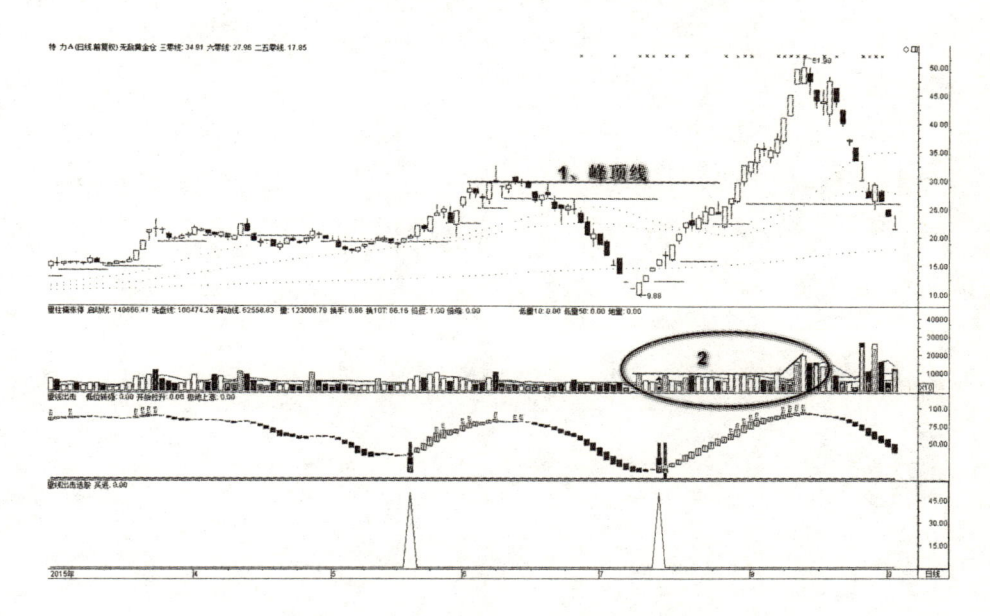

图3-2　2015年特力A峰顶线图形特征

如图3-2所示，特力A从2015年7月9日到8月13日，短线一个月的时间，股价翻了五倍。而在实战当中，我们只能通过左侧现有走势提前研判将来股价会发生的波动，至于股价是持续产生拉升、震荡还是回调洗盘，多是主力意志或抛压带来的结果。

我们继续以图3-2为例，从7月9日开始，股价在掉头上冲的过程当中多以涨停板的形式出现，但是成交量并无明显放大。很简单，这说明主力始终是处于一种高度控盘状态，在整个股价上冲过程中，外界抛压并不明显。直至上冲至左峰峰顶线（标识1）位置，量能亦无突出放大，股价依旧以涨停板突破，突破之后，股价将峰顶线位置踩在了脚下，从形态变化上，该峰顶线由原来的"顶"变成了现在的"底"，从形态的变化上，实现了"顶底互换"。这多是自然买力导致的结果，而峰顶位置的量价体现往往会透漏主力操盘意图。在实战当中，一方面主力会借助大众交易者对峰顶的恐惧达成洗盘效果；另一方面主力也会借助大众交易者对峰顶的恐惧让大家错失跟风的机会。

同样，在图3-2中，伴随着股价的持续上扬，成交量展开急剧放大，8月12日、8月13日出现历史天量（标识2），之后因为伴随后续量能不济，股价展开自然回调。

2.黄金线

在量学理论当中，黄金线同样是属于标志性K线的一种，黄金线来源于黄金柱，黄金线的实战意义依托于黄金柱，但是并不代表黄金线出现之后股价就不会下跌，往往很多人容易在这里产生理解误区。在实战当中，真正标准的黄金线并不多，为了更好地诠释主力操盘意图，笔者在《量线出击》一书中提出了"精准黄金线"的概念。

请看2015年富奥股份行情走势，如图3-3所示。

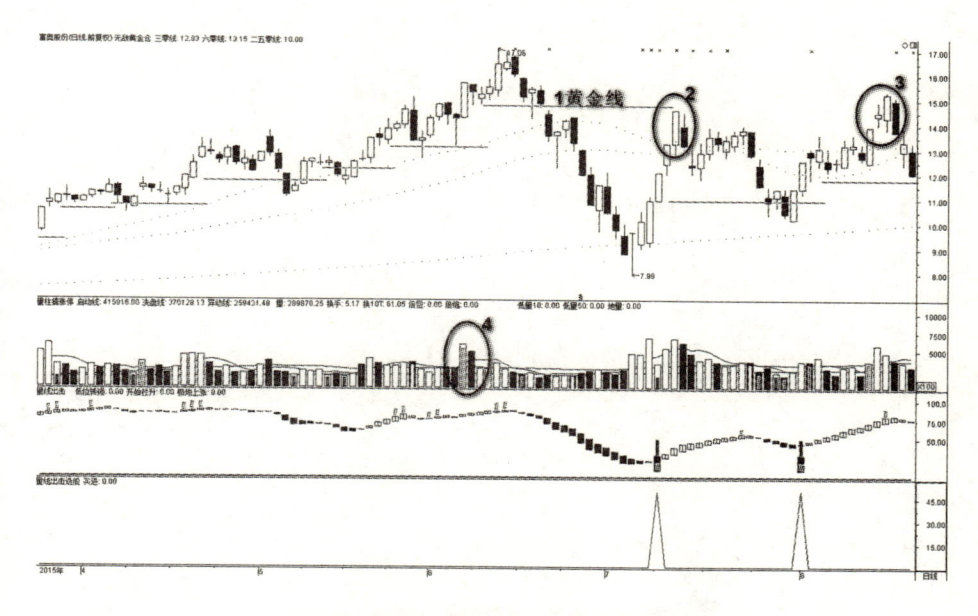

图3-3 2015年富奥股份行情走势图

前面介绍，同样作为量线，黄金线依托于黄金柱产生，其背后代表"优良资金"的介入，而这里所谓的"优良资金"可能来自主力，也不排除是跟风筹码所致。

如图3-3所示，标识4内黄金柱（高量柱）之后，一方面受市场环境影响，其次也因为该股量能不能延续有效放大，富奥股份展开回调，而伴随后续该股的反弹过程当中，黄金线（标识1）对后续该股的反弹目标起到指引作用，之所以标识2、标识3反弹受阻，是由于该黄金线位置的套牢筹码抛压所致，所以在临近该黄金线位置，如果我们发现成交量不能有效放大，应随时关注该股的回调风险。

3. 谷底线

谷底线和峰顶线一样，一个在谷底，而另一个在峰顶，"谷底"是相对于"峰顶"的某个波段的相对"低点"，两者只是所处的位置不同而已。在实战当中，很多人往往被"顶"或"底"所迷惑，需要注意的是，并非因为前面有"顶"或前面有"底"股价就不会创出新高或者新低，但是前面的"峰顶"或者"谷底"的存在对于我们后面的实战操作却有极为重要的参照意义。

请看2015年沈阳机床行情走势，如图3-4所示。

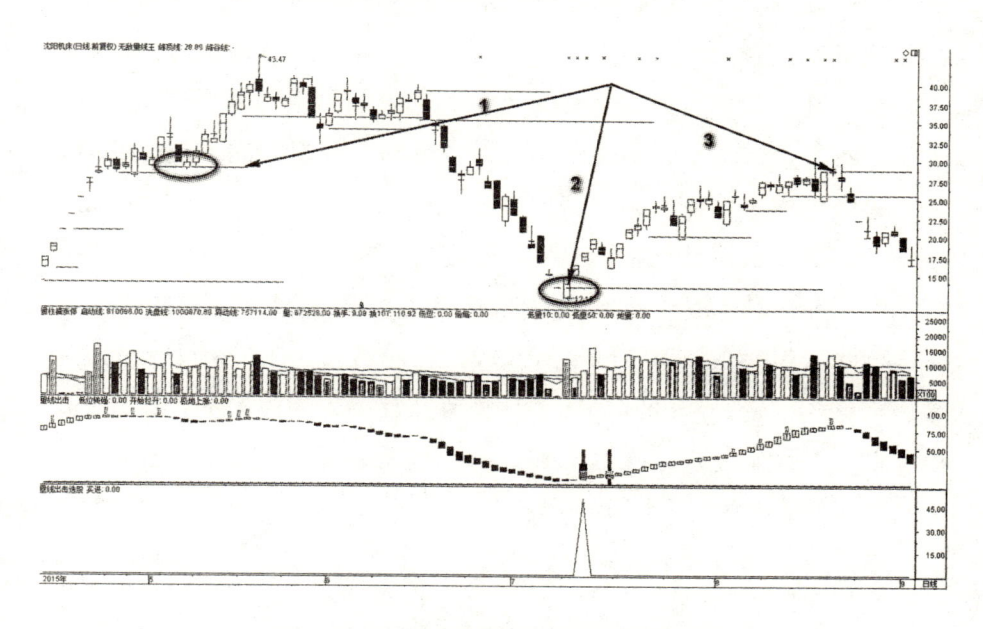

图3-4　2015年沈阳机床行情走势图

同"峰顶线"一样，虽然从字面含义来讲"谷底线"的取点应该是取最低点，但是在实战当中，考虑实战意义，取点往往是"多空平衡点"，也就是多空双方势均力敌之处，这个笔者在《量线出击》一书中已经有清晰解释了。

如图3-4所示，标识1为左侧黄金线位置，标识2为谷底线位置，而标识3则为股价上冲的高度。要知道，股价回档形成"谷底线"，而谷底线形成的不是支撑，而是代表了主力的操盘意志，后期股价走势不外乎以下三种走势：

（1）横盘震荡，筑底，等待多方或者空方打破平衡；

（2）股价跌破"谷底线"，继续寻底；

（3）多方战胜空方，股价以"谷底"为参照，展开加速上冲。

从本案例中我们可以看出，在确认形成"谷底"之后，该股在7月13日确认形成"一柱一线一波"战法买点，展开带量加速上冲。所以，笔者对该股的判断倾向于第三种走势。同样的道理，假设该股能够有效上冲，我们发现，左侧黄金线位置（标识1）同时又是量线集中区（双黄金线），并在该黄金线下方堆积了大量筹码，现在的问题是如果股价冲至该位置，能否突破？我们以7月13日收盘价17.89元价格计算，假设股价冲至标识1黄金线位置28.79元，则有11元左右的涨幅空间，那么具体股价能不能冲破28.79元，我们要结合当时的量价关系进行综合判断，如果量能不济或股价上冲乏力，在28.79元分批建仓即可，这样一个完成的涨幅测量计划就完成了。当然，从操盘计划的角度而言，设定止损是操盘的前提，这自是后话，笔者在《涨停擒牛十八法》一书中已经有详细阐述。

4. 精准线

在实战当中，精准线体现的是主力的操盘意志，抑或是主力资金与其他操盘资金的一种共识，取点多是开盘价、收盘价、最高价、最低价。在实战当中，一只股票的控盘度越高，出现精准线的概率就会越多。同其他量线不同之处是该线的取点来自股价而非依托于某根量柱，不过因为该股价的形成需要成交量的配合，所以我们依旧将之划分为量线范畴。

请看2015年深赤湾A行情走势，如图3-5所示。

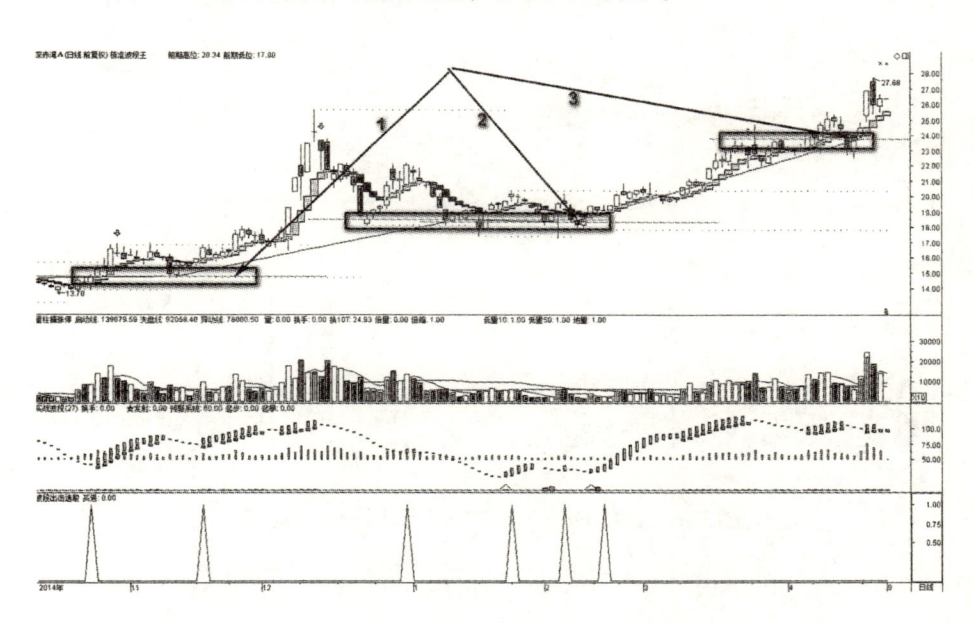

图3-5　2015年深赤湾A行情走势图

5. 黄金通道线

根据趋势理论定义，当股价一旦运行形成了一定的趋势，那么还将遵循该趋势继续进行下去。连接波动高点的直线称为下降趋势线，连接波动低点的直线称为上升趋势线。在量形理论当中，下降趋势线或上升趋势线统称为黄金通道线。

请看2014—2015年*ST元达行情走势，如图3-6所示。

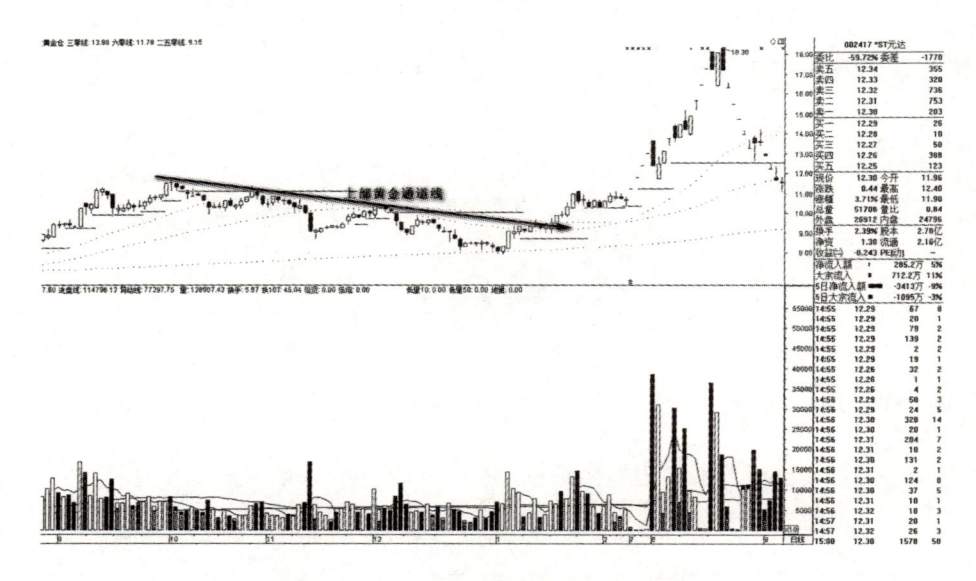

图3-6　2014—2015年*ST元达行情走势图

从图3-6中可以看出，我们取2014年10月8号、10月29号、12月2号以及2015年1月14号四点连线，这条直线就是该周期的下降趋势线，又称上部黄金通道线，按照趋势拐点规则，股价有效突破上部黄金通道线，趋势发生逆转，拐点买点产生。例如，*ST元达2015年1月20号拐点产生，1月20号也就是该股该段周期的有效买点。

请看2015年兰石重装行情走势，如图3-7所示。

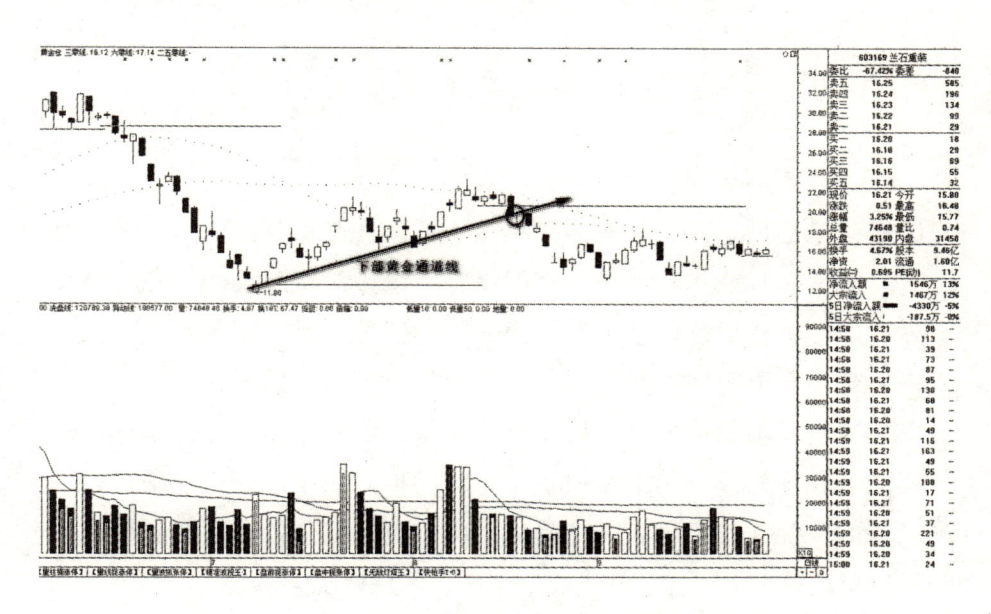

图3-7　2015年兰石重装行情走势图

如图3-7所示为2015年兰石重装行情走势图，我们取2015年7月9号、7月16号、8月4号、8月19号四点低点进行连线，这条直线就是该股该周期的上升趋势线，又称为下部黄金通道线，按照趋势拐点规则，股价有效跌破下部黄金通道线，趋势发生逆转，拐点卖点产生。例如，兰石重装2015年8月21号拐点产生，8月21号也就是该股该段周期的有效卖点。

第二节　量形理论实战分析

根据量形理论定义，所谓股票运行持续性是指其方向性，主要有上升、水平和下跌三种形式，持续性是市场分析最重要的目标，也是交易成败最重要的前提。上升趋势的持续性是市场向上的趋势运动，由一系列依次上升的峰和谷构成，其中后顶大于先前的顶，后底大于先前的底；下降趋势的持续性是市场向下的趋势运动，由一系列依次下降的峰和谷构成，其中后顶小于先前的顶，后底小于先前的底；水平趋势的持续性是市场横向的趋势运动，由一系列依次横向延伸的峰和谷构成，价格的顶与底常常在一个水平区域内上下波动。

在量形实战交易当中，买卖点来自股票运行趋势方向性的变化。根据量形理论，我们将股票交易的买点归结成一种形式，如图3-8所示。

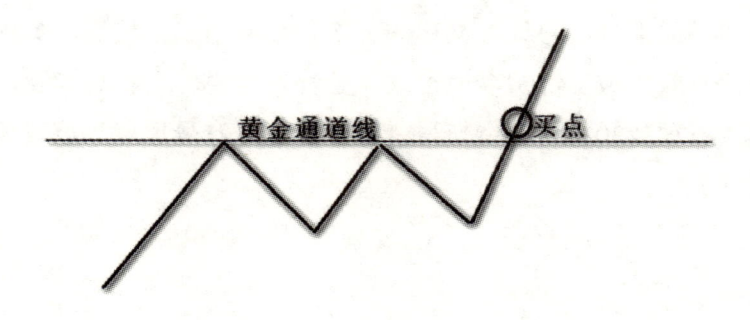

图3-8　量形理论实战交易买点

而卖点则为另一种形式，如图3-9所示。

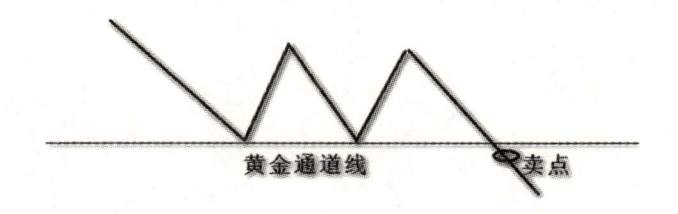

图3-9　量形理论实战交易卖点

参照图3-8和图3-9，水平趋势买点和水平趋势卖点分别可以演变成另外两种形式，即上升趋势中的突破买点、下跌趋势中的突破买点以及上升趋势中的突破卖点和下跌趋势中的突破卖点。在实战当中，所有图形都是由此演变而来，而之所以读者在实战当中产生感官上的不同，无非是我们分析的周期不同而已。不管是放大操作级别还是降低操作级别，在实战当中买卖点都会遵循量形理论的买卖规则。

量形理论实战有以下几个要点：

（1）量形结合，成交量验证趋势。趋势行情意味着趋势的持续性，看准大的趋势赚大钱，看准小的趋势赚小钱，看不准趋势必亏钱；

（2）在量形理论当中，量线体现主力多空平衡或操盘意志，股价左侧量线越集中，对后续趋势运行越会产生助涨、助跌甚或停顿作用；

（3）对于趋势行情末端，振幅较大的无趋势行情可利支撑和阻力位进行箱形操作，抑或降低操盘级进行买卖操作；

（4）趋势突破执行"三三原则"。它是指当股价突破趋势线时需要满足两个条件，一是收盘价在趋势线的另一边站稳三天，二是收盘价突破趋势线的幅度达到3%以上。在实战当中，投资者可以通过调整操作级别将假突破和踏空拿捏得恰到好处，这就是盘感。

请看中粮地产2015年上半年行情走势，如图3-10所示。

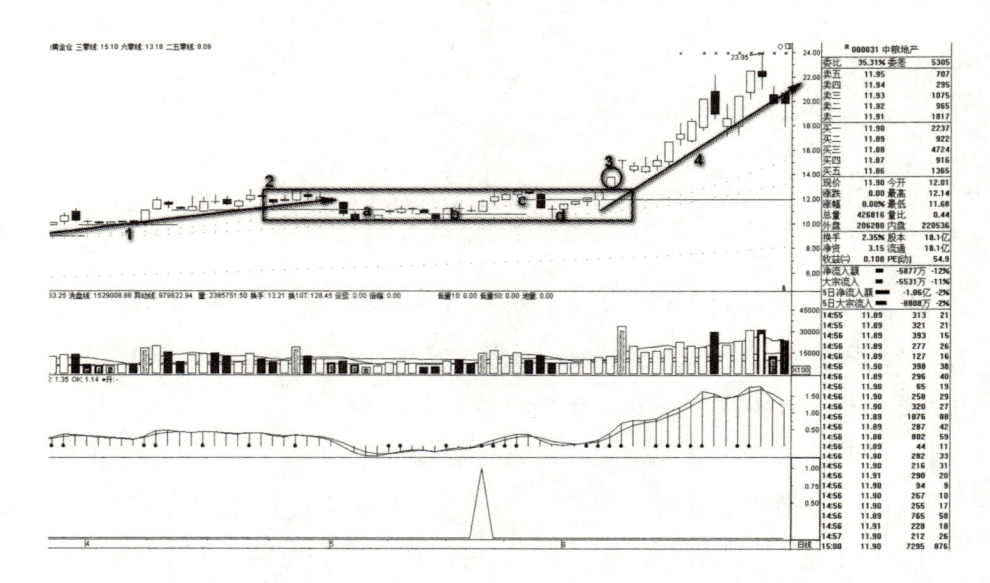

图3-10　中粮地产2015年上半年行情走势

我们以中粮地产2015年上半年行情走势为例作具体分析，如图3-10所示。

（1）在标识1中，股价沿着黄金通道线展开上升趋势运行。根据量形理论，2015年4月28日之后，在标识1的末端，量能展开萎缩，股价跌破黄金通道线，箱体标识2位置的峰顶线和标识1黄金通道线区域筹码抛压都变成抑制股价上行的外界阻力，也就是该上升趋势无法得到成交量验证，股价产生停顿或导致拐点产生；

（2）在标识1末端，股价展开箱体震荡，股价下跌无力和上冲乏力致使振幅变大，使股价展开箱体运动，该运行节奏往往会成为我们借助箱体顶底参与波段获利的机会，例如b、c、d箱体底部买点。标识2箱体上部边缘股价c位置就是箱体卖点；

（3）在标识3位置，股价带量有效突破标识2箱体的上部边缘，水平趋势突破。按照量形理论，股价随之展开向上持续性运动，而标识3就成为我们的有效买点，股价随之沿着上升趋势黄金通道线标识4运行，除非再次受到外力干扰产生停顿甚或产生拐点。

请看昆百大A 2015年上半年行情走势，如图3-11所示。

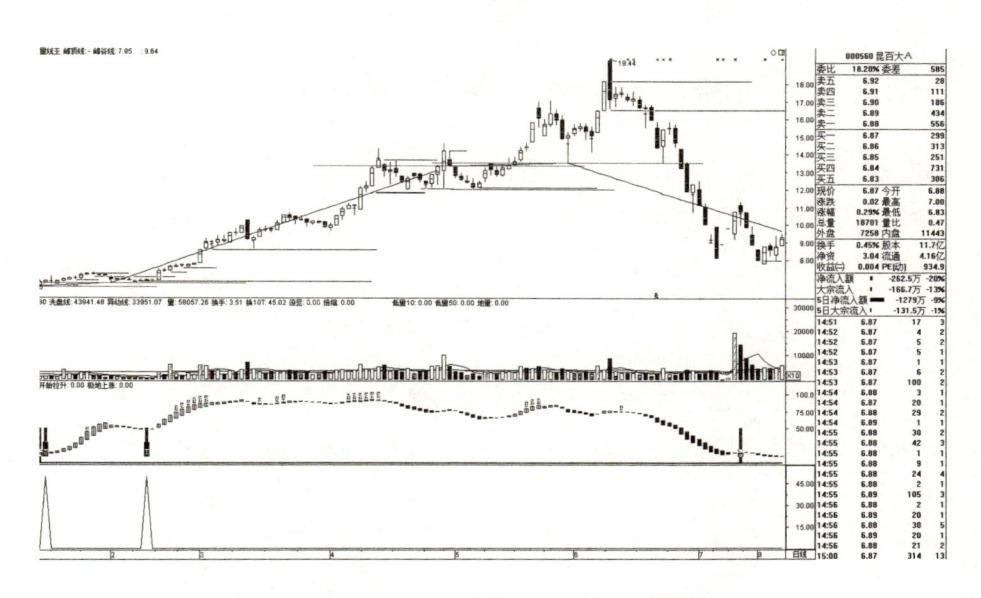

图3-11　昆百大A 2015年上半年行情走势

就如图3-11一样，很多投资者在面对这类个股行情走势图的时候，大都感觉很茫然，无从下手，但是在掌握了量形理论之后，对股票运行趋势轮廓的感觉就渐渐明晰起来。

请看昆百大A 2015年上半年行情走势，如图3-12所示。

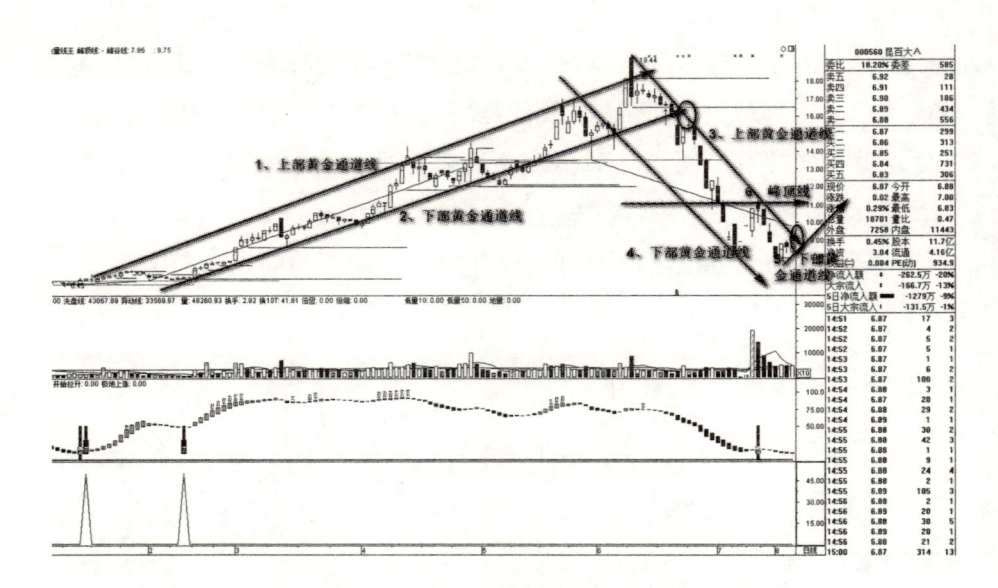

图3-12 昆百大A 2015年上半年行情走势图

如图3-12所示还是昆百大A 2015年上半年行情走势，与图3-11中借助飞毛腿软件自动画出峰顶线、黄金线、精准线、谷底线不同的是在图3-12中将黄金通道线画了出来，这样一来股价走势就变得一目了然了。

下面就日线级别趋势作具体分析：

（1）卖点：昆百大A在经过前期上升趋势之后，在2015年6月18日，股价跌破上升趋势标识2的下部黄金通道线，即标识2和标识3的交叉位置，有效跌破位置就是该股的有效卖点；

（2）买点：当股价有效突破下行趋势的黄金通道线即标识3位置，即该股的有效买点成立。

从量形理论买卖点的角度而言，图3-12已经很清晰地将买卖点描述出来。但是实际在操盘当中，也就是在同等环境条件下，还要考虑赚钱快慢的问题，例如，以下几个问题都要予以考虑：

（1）大盘是否处于上升趋势？

（2）板块是否属于近期热点，技术走势是否符合量形买点要求？

（3）个股是否属于板块中的强势个股？技术走势是否符合实战要求？涨幅空间又是如何？

就图3-12从操盘角度可以作以下分析：

（1）如果该位置是个假设买点，也就是当股价有效突破标识3，该买点成立；

（2）如果对应买点位置展开放量上冲，往往股价加速动力会更加充沛；

（3）该股第一目标位置峰顶线标识6位置。

也就是说，该股还没有展开后续走势，我们已经对后续走势提前做了预判，目标股价11.11元也已经了然于胸。至于能不能实现狙击目标，还要结合大盘走势和该股临近目标为的成交量变化进行观察，如果成交量动力不足，我们完全可以在11.11元之前提前减持仓位控制风险，从而做到有备无患。

第三节　放大股市赚钱效应

　　这里所说的放大股市"赚钱效应"的"放大"不是靠外界之力改变股价运行趋势，而是学会运用量形理论对个股涨幅空间予以有效判断，从中选出预期涨幅较大的个股，从而在同一市场环境下，放大收益空间，起到事半功倍之效果。这就需要用到前面介绍的量形方面的知识。

　　"赚快钱"的前提要求是在同等市场环境下放大赚钱效应，除了前面介绍的加速波形态牛股的捕捉外，在笔者《涨停擒牛十八法》的量学培训视频中对于容易出现加速甚至涨停的股票位置技术要素已经进行过深入剖析。当投资者真正领略了"赚快钱"的实战精髓之后，也就打开了股市成功之门。

　　在整个量形理论当中，趋势停顿和趋势拐点影响趋势节奏，同时也为"涨幅"预判提供了参考依据。

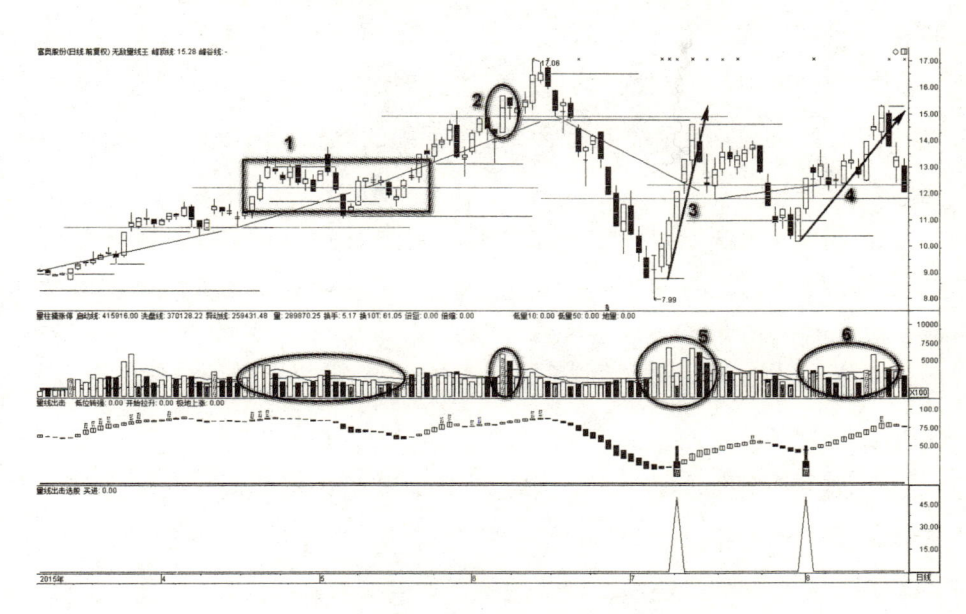

请看2015年富奥股份行情走势，如图3-13所示。

图3-13　2015年富奥股份行情走势图

如图3-13所示是富奥股份2015年行情走势图，借助飞毛腿指标系统我们将该股量线走势充分展示出来。

老股民可以一眼看出，该股当中包含的实战信息量非常大，下面我们展开详细剖析：

（1）买点：该股在7月8日、8月3日符合"一柱一线一波"战法，说明该股在经过一段时间下跌之后，形成底部，具备了一定操作机会；

（2）空间：如果我们在7月8日、8月3日参与该股的实战操作，只能从买点要求上符合实战条件，但是具体在该股实战利润空间方面要进行研判。

①如果7月8日参与该股，通过左侧量线分析，虽然在标识1位置形成了量线集中区，但是通过观察可以发现，在量线集中区域并无太多

— 95 —

成交筹码，也就是说股价在7月8日之后如果带量展开上行，标识1位置即使有抛压，不足以构成威胁。伴随股价的继续上行，可以发现，在标识2位置有一根天量柱，并且在位置区域形成黄金线和精准线的带量集中区，股价在14.9元难免要承受套牢筹码的抛压。所以初步判断第一目标位置14.9元。

②同样的道理，股价在经过7月13日上冲14.9元量线突破无效之后，再次回档，8月3日再次形成"一柱一线一波"战法带量起涨之后，第一目标位置依旧是14.9元。

（3）赚钱效应：

在确定买点之后，我们同时确定第一目标位置14.9元，那么接下来需要权衡的是在买点和第一目标位置之间的赚钱效应。通过分析来看，两次买点7月8日、8月3日形成位置与第一目标14.9元都超过30个点的涨幅空间，具备一定短线赚钱效应，可以参与实战操作。

在持股方面，如果该股在14.9元前后，成交量不能持续放大并且股价上冲乏力，我们可以分批减持仓位，实现落袋为安。例如标识5、标识6。

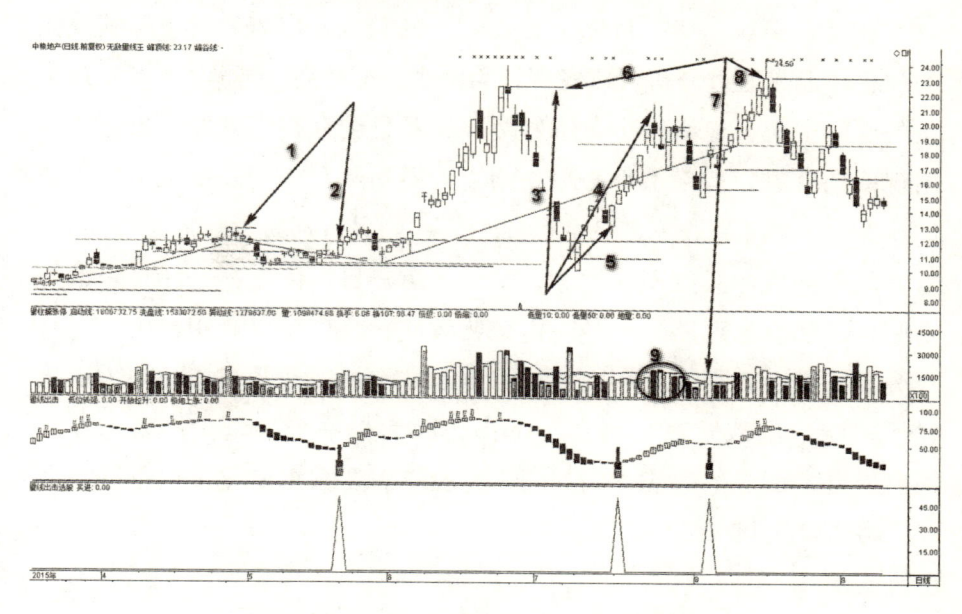

请看2015年中粮地产行情走势，如图3-14所示。

图3-14　2015年中粮地产行情走势图

如图3-14所示为中粮地产的行情走势图，该图中一共有符合"一柱一线一波"战法的三个买点：标识2、标识5、标识7所对应的位置。

我们还是按照前面的分析思路来进行分析。

（1）买点：中粮地产在2015年5月21日（标识2）、7月17日（标识5）、8月5日（标识7）位置具备"一柱一线一波"战法抄底买点信号。

（2）空间：三个买点所不同的是，如果按照收盘价计算，5月21日对应的股价11.82元，而第一目标位置左侧峰顶线（标识1）位置对应股价12.71元；同样7月17日（标识5）对应股价15.43元，第一目标位置左峰黄金线股价22.47元；8月5日（标识7）对应价格18.28元，左峰黄金线股价22.47元。

（3）赚钱效应：

在确定买点和第一目标位置之后，我们需要权衡的就是赚钱效应的问题，但是通过分析可以发现，第一个目标位置（标识1）不足10个点的涨幅空间，空间太小，不好把控，并且会存在当天冲击目标之后出现回档现象，如果不小心追高则当天容易被套，所以该狙击位置我们放弃，当然如果股价带量企稳12.71元，则另行判断。

同第一目标买点不同的是，第二、第三目标位置都是20个点以上空间，短线有利可图，具备一定赚钱效应，我们可以利用盘中分时，择分时买点介入。这样一来，从买点、安全性以及赚钱效应等方面提供了一定的实战胜算，当然，不排除因为受系统环境（例如大盘、消息、基本面）等影响。实战当中，投资者要根据变化再进行适当调校，将风险控制在可控范围之内。

小结

量线依托于量柱或主力的操盘意图，这对我们研判该股后期趋势带来了一定实战意义。在实战当中，困扰交易者的实战难题就是对操盘计划中的涨幅空间的研判，而量线往往可以将该问题变得更加简化有效。量形理论的空间研判需要一个盘感的培养过程，读者可以多找此类案例进行分析，培养实战盘感。

第四章

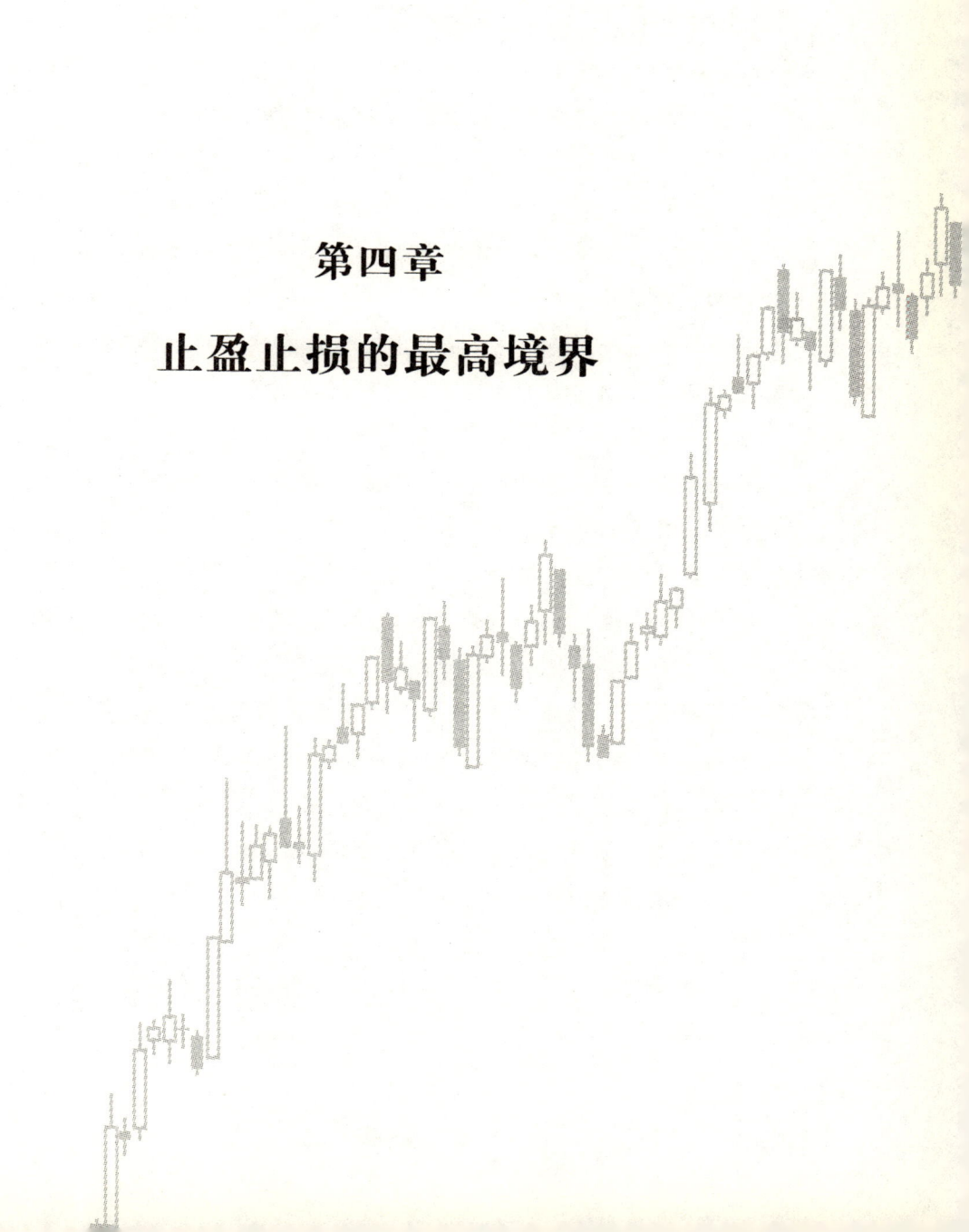

止盈止损的最高境界

作为一个成功的交易者，当犯错的时候，不能让一味的回本情绪左右自己，而是必须遵守操盘纪律，尽可能地减少损失。

——吴振锋

投资本身没有风险，失控的投资才有风险。

——世界投资大师索罗斯

"学会止损，千万别和亏损谈恋爱；止损的最终目的是保存实力，提高资金利用率和效率，避免小错铸成大错、甚至导致全军覆没；止损的意义重大，它使得以较小代价博取较大利益成为可能，止损远比盈利重要，因为任何时候保本都是第一位的，盈利是第二位的；止损是股市投资中非常关键的一环，你必须在重要的投资决策实施之前，先制订出意外情况下的止损计划，来保护你的操作；止损不能规避风险，但可以避免遭到更大的意外风险，止损是你投机成功必备的保险！"

相信每个人介入股票市场之后，止损是最耳熟能详、最陈词滥调、最常在交易中遇到却又最不容易恪守的交易法则！

事实上，交易者设置了止损或止盈而没有执行的例子比比皆是。市场上被扫地出门的悲剧几乎每天都在上演，无外乎是心理因素所致，例如抱有侥幸、犹豫不决、患得患失等心理，在明确止损或止盈出局之后，屡屡发生价格重新回头狂奔现象，但这并非不能理解，因为市场本身就是不确定的。盖瑞·贝弗德说："所谓认输的勇气，就是面对失败的交易，你必须提得起，放得下，你绝不能因为一笔交易失败，而被搅得心神大乱。"

第一节　量形理论与止损止盈策略

量形理论指出："量形决定趋势，而趋势决定交易，周期越大趋势越稳定。"

根据量形理论的指导思想，先有形态后有趋势，没有形态就没有趋势，自始至终一边倒的趋势是不存在的，形态之后必出趋势，大形态出大趋势，小形态出小趋势，趋势越大稳定性就越高，趋势一旦展开就不易结束，直至能量释放完毕，新的形态日趋成形。

请看2014—2015年上证指数行情走势，如图4-1所示。

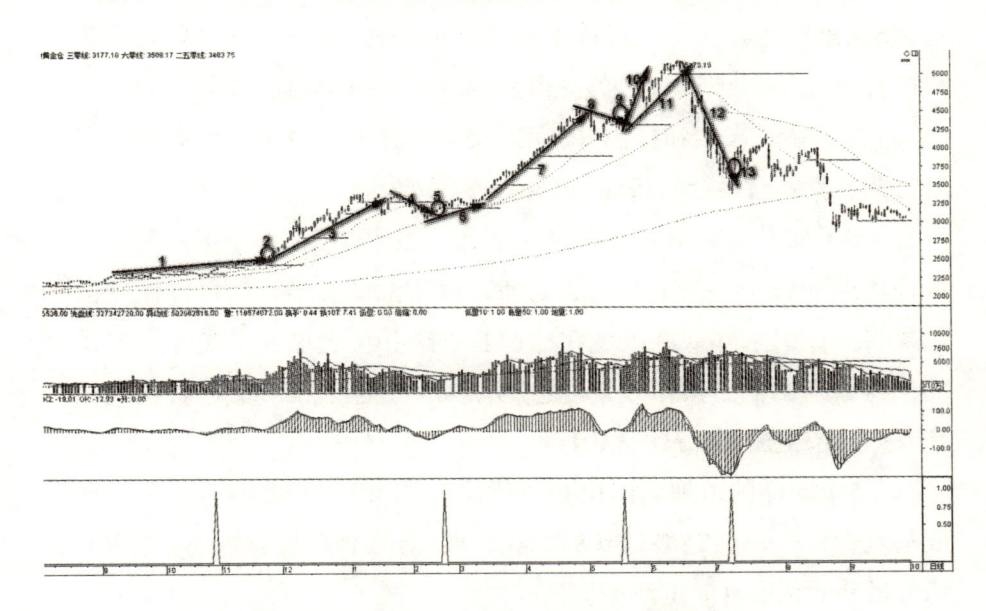

图4-1　2014—2015年上证指数行情走势图

下面我们来简单分析一下图4-1所示的2014—2015年上证指数行情

走势图。

（1）从图4-1中可以看出，大盘在2014年7—12月趋势周期中，股价保持着震荡向上的运行趋势，我们可以画出该段周期的上部黄金通道线标识1，但是在2014年11月24日，大盘指数打破了原来的运行趋势，在标识2位置指数带量有效突破上部黄金通道线，趋势拐点产生，在标识2位置形成买点。

（2）在标识2位置大盘走势展开加速之后，因为原来的运行趋势已经发生改变，我们需要重新确认改变之后的大盘运行趋势，在图中画出加速趋势的下部黄金通道线标识3，如果大盘走势不破标识3的位置，在该段运行趋势都是安全和可靠的。

（3）同样的道理，在标识3趋势运行结束之后，调整趋势标识4展开，并且在图标识5中再次突破，形成有效买点。当时和前面不同的是标识5买点产生之后，大盘的上行趋势面临标识3趋势末端区域套牢筹码的打压。所以该运行趋势变得节奏缓慢，直至再次依靠外力将其改变，在标识6的末端和标识7的起始交叉位置上部再次形成有效买点，这时我们就要对运行趋势标识6重新进行调校。

（4）如果把标识3、标识4、标识6、标识7当成一个大的趋势，那么该段周期属于一个上升趋势周期，期间也没有必要反复操作，但是如果将操作级别降低，难免在标识4、标识6位置展开买卖操作，所以如果将级别调低，操作频繁度也就加大，这也是很多交易者反映踩不好节拍，产生追涨杀跌的原因。

（5）同样的道理，标识8展开回调，标识9再次指数带量突破，形成买点，展开新的趋势运动标识10，而标识11则是对该上行趋势中的趋势运动变化展开的重新调校。

从对图4-1的分析可以得知，当运行趋势发生变化的时候，我们要结合实际情况对趋势方向进行合理调校，从趋势而言，从2014年7月至

2015年6月大盘走一大波牛市行情，但是我们完全可以在标识4、标识8区域规避调整。

同样，我们还是继续分析2014—2015年上证指数行情走势，如图4-2所示。

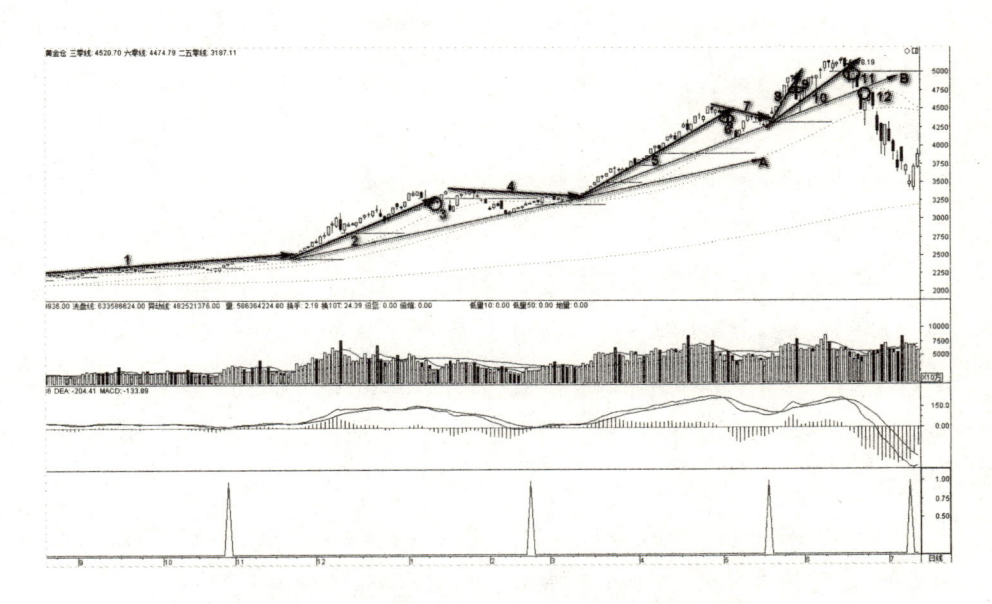

图4-2　2014—2015年上证指数行情走势图

下面是对图4-2的具体分析。

（1）在标识2的末端，股价跌破标识2黄金通道线，同时量能开始延续缩量波走势，所以，从该段周期来看，标识3将成为一个波段卖点。

（2）在标识4的末端，大盘向上产生趋势拐点之后，结合前期走势，我们做出大盘趋势下部黄金通道线标识A，但在后期大盘实际运行中，大盘在黄金通道线标识5上方运行，所以，如果把标识A作为一个大趋势的话，标识5只是属于大趋势中的一个小波段趋势，标识6就是该小波段趋势的卖点信号，也就是我们的止损止盈位置。而后都是同样的道理。

（3）同理，在波段周期标识B中，标识12是向下运行的拐点位置，但是在该趋势当中，标识6、标识9、标识11都是该趋势B中的低级别卖点。也就是大趋势中嵌套了多个波段趋势。

但是困扰交易者的是，在运用量形理论实战操作时，很多交易者因为操作级别较低，形态内的波段幅度太小，稳定性差，买卖操作就变得较为频繁，以至于产生频繁追涨杀跌，例如，在图4-2中标识4阶段杀跌。这类操作容易导致对趋势操作失去信心，甚至于遇到大级别反弹或回调时对趋势拐点产生怀疑，从而错失止损或止盈的良机。

其实，产生这种困扰的根本原因还是在于交易者对于执行止损止盈策略目的的理解不够深入。因此，投资者要执行正确的交易决策，应注意以下几个方面的问题。

（1）投资的目的本身在于获利，而止损或止盈只是保障资金安全的手段；

（2）止损或止盈策略的执行要结合操作级别，绝不是频繁止损或止盈，它必须在规则和规范下操作，在确定交易级别情况下展开；

（3）对变化了的趋势适时而客观地重新定位，及时调校，重新设定止损或止盈目标位；

（4）从理论上讲，止损的最好方法是不需要止损，也就是提高操作决策的正确率和准确性，但是止盈的时候要毫不犹豫地获利出局。

在量形理论当中，正确的交易决策在趋势展开伊始就已经确定了，在趋势展开过程中去决策是很被动的，而在趋势产生停顿或者拐点，一旦触及止损或止盈位，则又是必须要执行的。

局部振幅较小的趋势往往难以把握，投资者完全可以通过改变周期级别来进一步对趋势予以确认；对于同一操作级别，也要学会对于止损或止盈策略及时跟踪和调校。

第二节　止损止盈的最高境界

止损止盈的最高境界不是指如何卖在最高点，而是将止损止盈做到恰到好处。理解"遇顶有阻，过顶必冲"的动态平衡原理，"莫要过早止盈，莫要过晚止损"，估计是对该境界的最好诠释。很多时候投资者总认为股价还涨，而继续持有等待，结果是一跌再跌；而很多时候过早地获利了结，却发现上升趋势依然在继续。追涨杀跌次数多了，会导致账户资金急剧缩水，信心也倍受打击。所以在确定实战标的之后，要把止损止盈放在首要位置。历史经验证明，能在股市中生存下去而不被消灭的强者，都有严格的止盈价与止损价！

股市投资的最终目的是获利，在实战操作中，投资者往往容易被"贪念"所驾驭，对出现的止损止盈信息熟视无睹、犹豫不决、拖拖拉拉，从而贻误了最佳时机。需要注意的是，止损或止盈的效果很大程度上取决于投资者的自律能力，只有严守纪律及时止损，才能在交易中不断提升盈利水平。

一、止损或止盈的应对策略

止损或止盈的应对策略具体来讲有以下几个方面。

（1）学会科学地控制仓位，降低投资风险。仓位控制，事实上就是一种风险控制的手段。试想，如果投资者能百分之百地看准后市，还谈什么仓位控制？每次都全仓进出好啦，很显然满仓操作从资金使用效率的角度来看永远是最高效的手段！但是因为股价具有不可预测性，所以我们就必须引入风险控制的概念，而仓位控制是实战中最直接的风险控制方法。通常而言，不同的市场环境适用不同的仓位控制法。

（2）设置合理的止盈止损位，锁住利润、防范深度套牢（这是铁的纪律，需要的是执行力）。

（3）转变思想观念，空仓也是投资。有一些投资者在市场趋势不好（下大雨）的时候还在频繁操作，甚至在市场初跌阶段也保持满仓，自认为懂得技术或掌握消息（带了雨伞、拐杖）就想在熊市中逆市获利，最终往往落得遍体鳞伤、鲜血直流（踏空的代价仅仅是失去一次赚钱的机会，而追涨后的深套也许会令自己陷入进退两难的深渊）。

二、止损或止盈点的实战策略

止损或止盈是对"趋势拐点"形成的提前预判。按照量形理论，以"一个中心，两个拐点"为核心原则，一个中心是以趋势为中心；两个"拐点"就是指跌破趋势线（黄金通道线）拐点和跌破防守线（黄金线）拐点，而对于拐点的有效性判断要依靠成交量进行辅助确认。

根据量形平衡原理："线上看涨，线下看跌；线上持股待涨，线下分批减仓。"量形理论讲究顺势而为，耐心等待市场的变化。如图4-3所示为2015年上半年华联控股行情走势图。

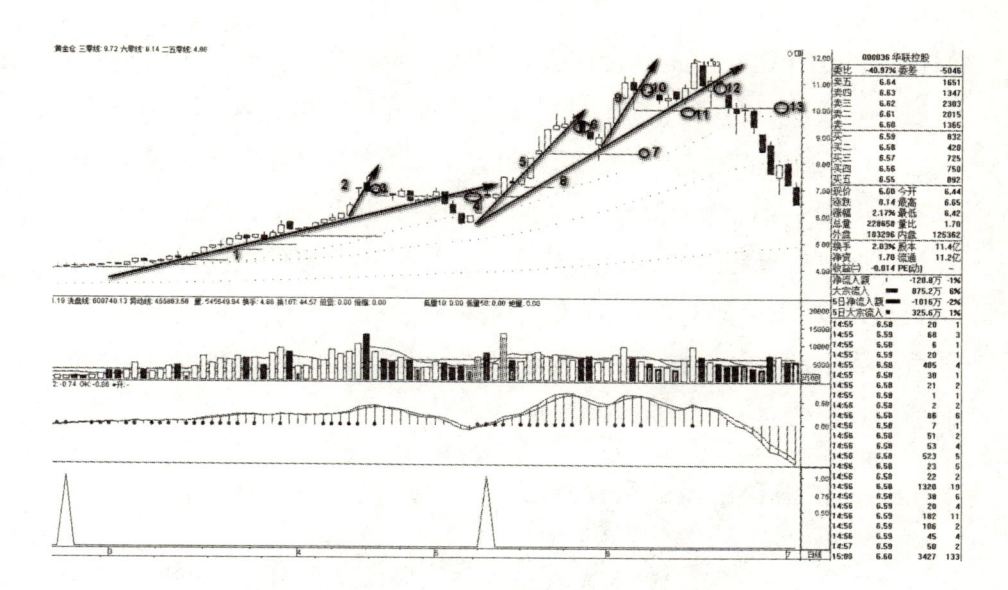

图4-3 2015年上半年华联控股行情走势图

按照止损止盈策略"一个中心，两个拐点"的核心内容，我们对图4-3分析如下。

（1）华联控股在股价沿着黄金通道线标识1的上升过程中，中途上升趋势角度发生变化，我们对于标识1上升趋势进行调校，做出新波段趋势标识2，而标识1或标识2我们都称之为两段不同周期的趋势。但当股价跌破黄金通道线标识2之后，例如标识3，我们称之为趋势拐点1，我们又将拐点1称之为防守线；如果再次跌破最近的黄金线标识4，我们称之为趋势拐点2，同时我们也称拐点2为防守线。这样，我们结合大盘所处多头还是空头趋势，在跌破拐点1位置进行分批控仓，跌破拐点2进行清仓处理。

（2）图4-3中巧合的是，如果执行标识1段止损或止盈策略，股价跌破标识1段趋势后，同时也将拐点2标识4跌破，我们同样执行清仓操作。

（3）和前面不同的是，在股价跌破标识5、尾端拐点1产生后，我们执行控仓操作，但是股价在临近黄金线展开带量反弹，并且产生趋势逆转，所以在拐点2并未有效跌破、股价重新展开趋势逆转的时候，我们可以将前面减持的仓位重新买进，这样就降低了整仓进出风险。

（4）同样在标识8的运行趋势当中，在标识9段上升趋势变化，我们重新进行趋势调校，在标识10位置产生拐点1，但是同样受到标识11黄金线支撑，所以在标识10我们可以展开控仓操作，在标识11位置"黄金线上起柱"企稳，继续加仓操作。而在大趋势标识8波段，我们在标识12减持仓位，而标识13实现清仓。

三、止损和止盈的最高境界——"知行合一"

万"事"皆因贪。大多数股民，卖出股票时都有一个误区，那就是要等看清楚再卖，其实等看清楚时，大多数情况下为时已晚。在实战当中，这就是属于认知上和行动上的脱节："说的不是做的，做的又不是说的；说的一套，做的又是另外一套。"这往往就是那些容易亏钱的人，所以经常会有人说："会买的是徒弟，会卖的是师傅。"

"知行合一"是成为顶尖高手的关键，该买就买，不必犹豫；该卖就卖，别舍不得。需要割肉就一刀砍下去，应该止盈就立即清仓，做得干净利落，坚决果断。

小结

纠错非常重要，纠错是一种特殊的职业本能，决定了股市实战能否实现持续获利。高手往往会本能性地纠错，但纠错的前提是必须有一套严格的止损止盈策略，并严格执行下去。

第五章

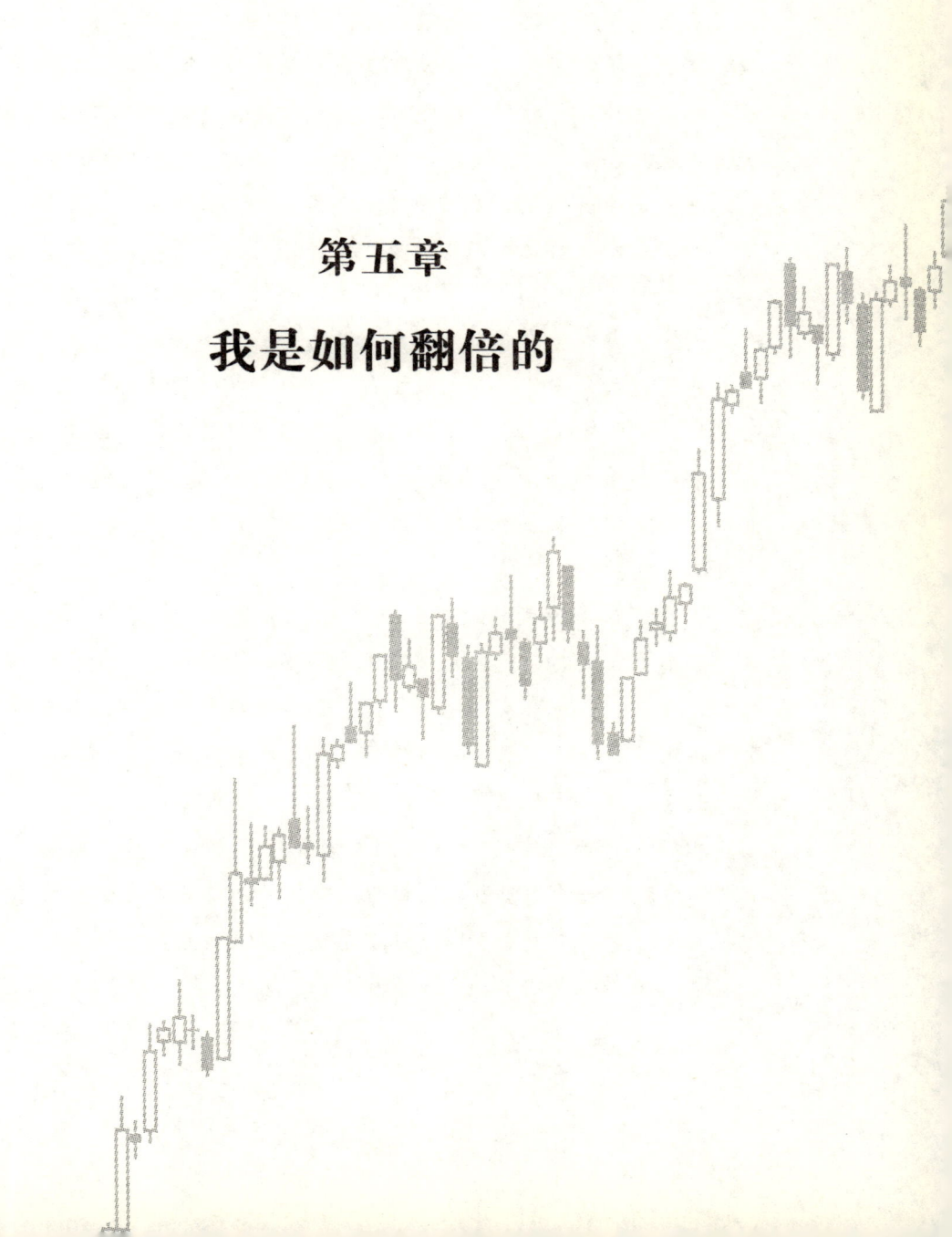

我是如何翻倍的

吃透量形理论，目的是在科学、正确的投资理念指导下，达成"赚快钱"之目的。当然，除了掌握实战技巧之外，必须执行铁的操盘纪律，并且要严格遵守。唯有如此，才能告别亏损，实现快速获利。

无数的事实说明，投资者在A股市场之所以总是赔钱，除了缺乏一套行之有效的实战技术外，主要还是没有一个正确的投资理念。我们经常说"方法不对，努力白费"，正确的投资理念是决定投资获得成功的最关键因素，没有一套科学、正确的投资理念，即便遇到大牛市、买到大牛股，也不会获得理想的收益。理念决定投资的成败，我们只有通过对量形理论的学习，改变传统的、中小投资者固有的错误理念，学会以一个机构投资者的角度、心态、理念来进行交易操作，才能获得巨大收益，才能成为最终的胜利者！

当我们被理论武装之后，就要时刻抱定必胜的信条。"起来，被市场压迫的人们；起来，饱受践踏的投资者们；满腔的热血已经沸腾，要为财富而斗争，这是最后的战斗，财富的梦想一定要实现……"股市投资如同两军对垒，战略决策正确与否是取胜的先决条件，而战术灵活与否是取胜的关键因素。

如何在股市当中不受伤害，如何让投资者赚得盆满钵溢。下面笔者就结合量形理论，以情景实战推演的方式展示量形理论的实战技巧。在这场战争中，你便是这场激烈战斗的指挥官，高瞻远瞩、运筹帷幄，以保证这场战争的胜利，指挥官更是责无旁贷。

我方参战清单：

操盘指挥官：吴振锋

武器装备：500万资金

兵法秘籍：量形理论

战争信条：你的是我的，我的还是我的，每战必胜

敌方参战清单：

操盘指挥官：主力

武器装备：无穷大

兵法秘籍：骗线，诱多诱空、媒体黑嘴、假消息

战争信条：你敢进，我照收，让你血本无归

第一节　狙击翻倍牛股实战案例1

实战标的：世联行（002285）

1. 大盘研判

根据量形理论，要想提高操盘成功率，首先要对大盘趋势进行研判，大盘不好，必须坚持控仓或空仓；大盘转好，结合市场热点狙击强势个股才会取得良好收益。

我们重新回到当时的实战环境，读者可以查阅笔者2015年3月11日的博客内容（股海明灯的博客：http://blog.sina.com.cn/ghmdwzf）。

前面我们分析，消息面的利多利空只能属于股市催化剂，起到助涨或者助跌作用，即使外力进行干扰，也只能起到扰动，而难撼本质，趋势的变化还是靠市场自身驱动力。到目前来看，大盘重新进入3285.3-3465.6点的强势震荡蓄势空间，适度加仓！

周四大盘延续强势，带量向上冲击，大有语不惊人死不休之感。但是要知道，越往上，将会触及我们强势震荡区域的命门3465点，风险将会加大。当然，前面我们也说过风险指的是大盘在该位置面临方向选择，是继续向上还是面临回洗？但是不管如何，当前是安全的，毕竟大盘还有100多点的空间需要我们继续吃掉。

实战个股方面，今天有朋友在问世联行（002285）是继续持有还是走人，这真的很让笔者哭笑不得！笔者反问这些朋友现在36到了吗？既然没到，继续持有，或者你大胆盘中做T即可，所以问这样的问题无意义。当然，前面笔者建议大家关注了奋达科技，当前在洗盘修整当中，笔者认为在44.7以下介入都是对的，主力要冲击69，蓄势洗个盘大家也应该理解一下，如果天天患得患失，谈何运筹帷幄？（仅供学习研究，非荐股）

西山大师也反复强调："学习是亘古不变的道理，知识就是财富。"我们要想拿捏住主力思维，必须深入吃透量形理论。特别是每只股票有无主力运作？强弱如何？是必须要洞悉的。有主力就一定大涨吗？也不尽然！所以，在大家吃透《量波抓涨停》之后，再深入咀嚼《涨停擒牛十八法》，那么主力操盘身影将会无所遁形！

在当前环境之下，结合近期热点，例如环保、养老、普惠金融、O2O、PPP等领域的，择优狙击即可。综合而言，"牛市"行情不变，当前大盘节奏继续延续震荡，从长期操盘策略上来看，也是越跌越加的良机。

操盘策略：

大盘站回3285点，大盘迈入强势震荡阶段，继续加仓！

上面是笔者当时对于大盘走势趋势和个股的研判情况，接下来我们会重新回顾下当时的实战场景。

如图5-1所示为2015年上半年大盘行情走势图。

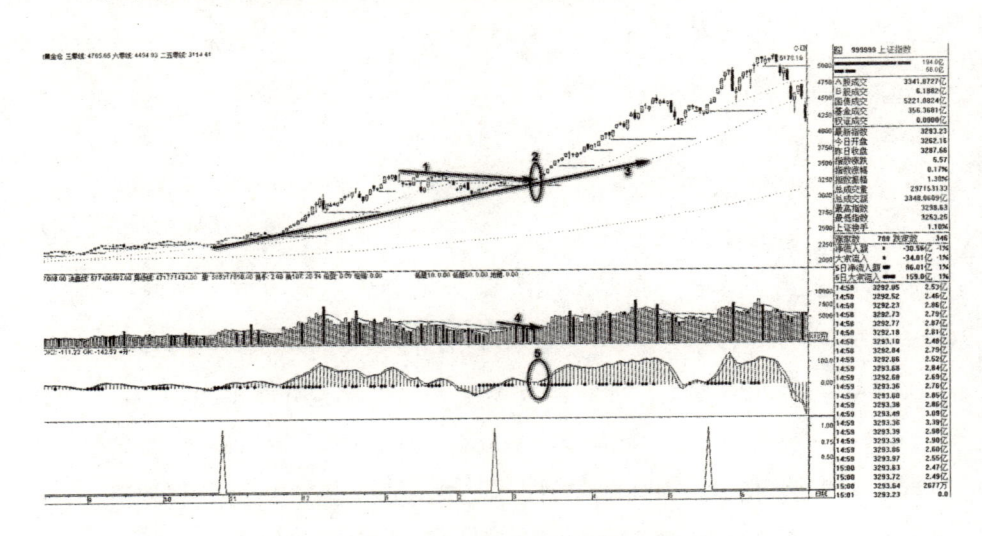

图5-1　2015年上半年上证指数行情走势图

　　基于当时大盘走势，笔者分析："大盘重新进入3285.3-3465.6点的强势震荡蓄势空间，适度加仓！"估计很多人一直在纳闷3285.3点位置因何而来？如果有心的朋友可以看出，截至2015年3月11日止，大盘已经基本具备了"黄金仓"战法的雏形，但是在即将形成和有效形成"黄金仓""加速波"之前，我们可以对大盘进行提前研判。

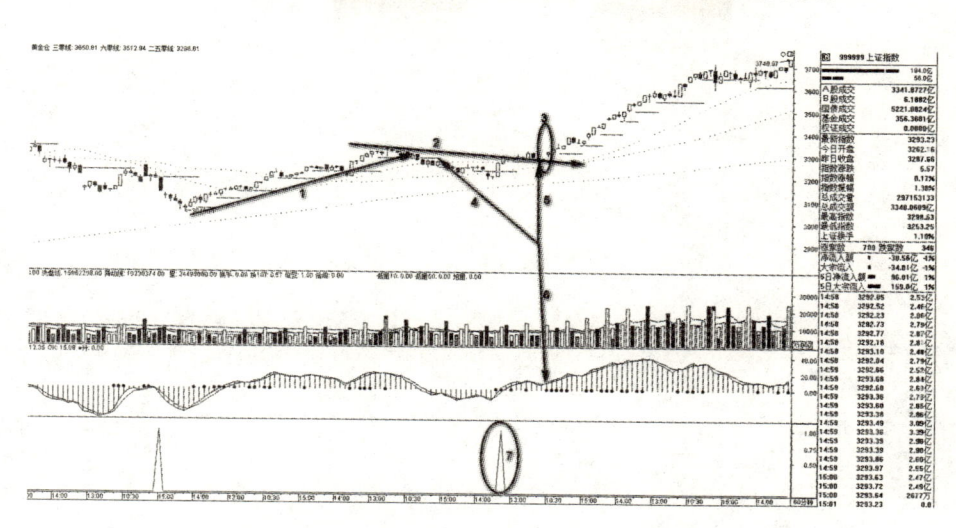

如图5-2所示为2015年3月份上证指数60分钟的行情走势图。

图5-2　2015年3月上证指数60分钟行情走势图

细心的朋友可以看出，标识4、标识5箭头所指位置是两根黄金线的精准重叠位置，也就是我们在量形理论当中经常提到的量线集中区。根据黄金线的形成机理，该量线集中区域往往因为堆积大量筹码形成多空平衡，如果股价站在该量线上方，往往说明多方占优，而从2015年3月11收盘情况来看，收盘3290.9，已经站在该量线位置3285.3点上方位置。

根据前面所学的量形理论，如果大盘企稳3285.3点上行，大盘同步形成"黄金仓"战法的狙击买点，根据"黄金仓"战法，大盘将会展开加速上行，所以该位置往往就会形成我们的加仓买点。

笔者前面讲过，学习量形理论就是要学会解决"在山前就要知道山后有什么的难题"。如笔者所判断，大盘企稳3285.3点展开加速上行，那么我们的第一目标位置在哪里呢？

如图5-3所示为2009—2015年上证指数日线行情走势图。

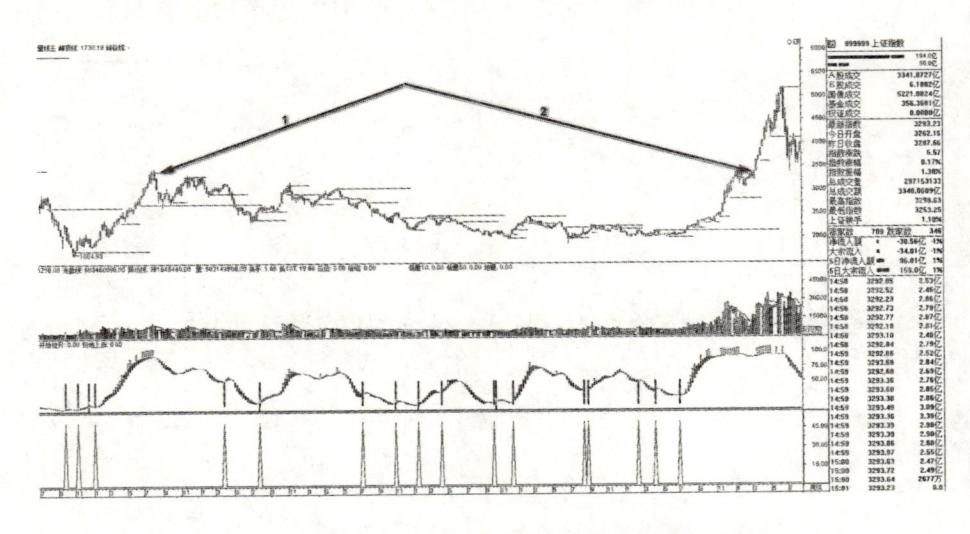

图5-3　2009-2015年上证指数日线行情走势图

估计看到图5-3，很多读者会恍然大悟，原来如此，如果确保大盘安全上冲，标识1峰顶线筹码区3465.6点会对大盘形成抑制，不过细心的朋友再看标识1位置的形成时间是2009年8月5日，会感觉心里踏实多了，因为时间跨度较大，经过这么多年的筹码稀释，该位置套牢筹码已经被释放殆尽，对眼前造不成什么实质性威胁了。

综上分析，根据笔者的研判观点："大盘重新进入3285.3-3465.6点的强势震荡蓄势空间，适度加仓！"如果3285.3点买点有效形成，大盘将展开加速波走势，但是眼前的第一道止损止盈关口3465.6点对后续走势威胁不大，在实战操作上相对安全，交易者可以根据自己的仓位情况加仓即可。

2. 板块研判

龙头引领板块，板块引领大盘。板块、热点轮动是市场主导力量推高大盘指数、激活市场人气的最有效、最省力的方法。龙头板块具有以下几个方面的特点。

（1）引领行情：往往是第一时间集体启动，集团作战而非散兵游勇；大盘跌，个股不跌；大盘涨，个股涨势超过大盘，特别是在大盘行情弱势的时候逆势而上，往往力挽狂澜；但如果龙头板块见顶，大盘往往离调整也不远了。

（2）突破行情：在大盘处于转折期时一马当先而非跟风。

（3）持续性：持续时间长，连续领涨大盘。

（4）成交量增大：整个板块的成交量明显放大。

只要板块做对了，有点耐心，都会赚钱，只是赚钱多少的问题；当然如果板块不对，就不好说了。结合大盘走势，笔者建议大家关注几个热点题材板块，例如在笔者的博客当中提到："在当前环境之下，结合近期热点，例如环保、养老、普惠金融、O2O、PPP等领域的，择优狙击即可。"

下面就以养老概念板块为例作具体分析，如图5-4所示为2015年养老概念板块日线行情走势图。

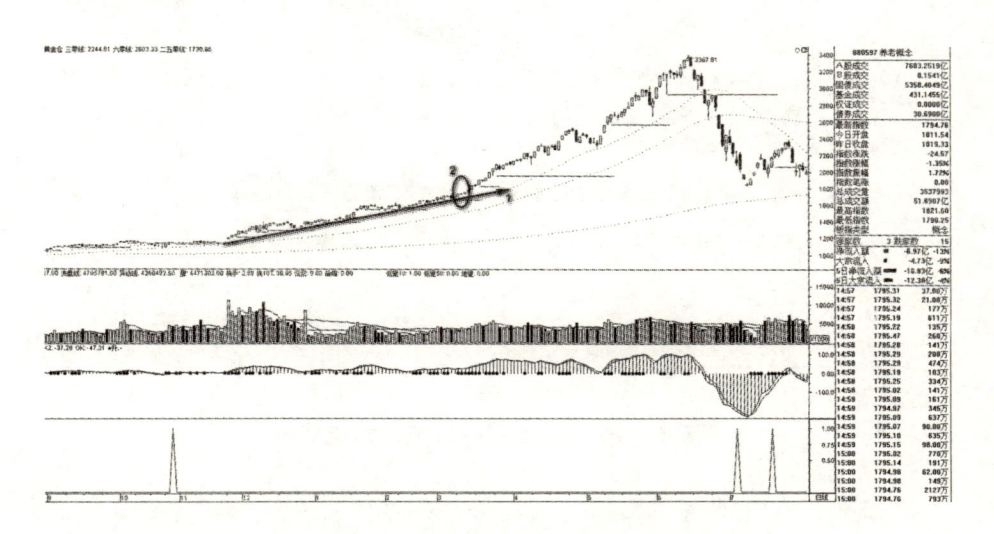

图5-4　2015年养老概念板块日线行情走势图

当时，当笔者已经明确大盘趋势即将展开加速之时，通过观察各个板块，发现其中养老概念板块表现比较强劲。请看在图5-4中，养老概念板块在3月份前后基本没有经过调整，一直处于强势上行趋势之中，板块指数一直沿着标识1黄金通道线趋势运行。所以笔者判断，如果借助大盘加速波的展开，养老概念板块将展开爆发，因此笔者将目标初步锁定了养老概念板块中的个股。

3. 个股研判

在确定当时大盘趋势方向以及板块方向之后，笔者将狙击重点放在了养老概念板块上面，并且经过个股量形运行趋势对比，锁定"世联行（002285）"为狙击目标。如图5-5所示为2015年世联行日线行情走势图。

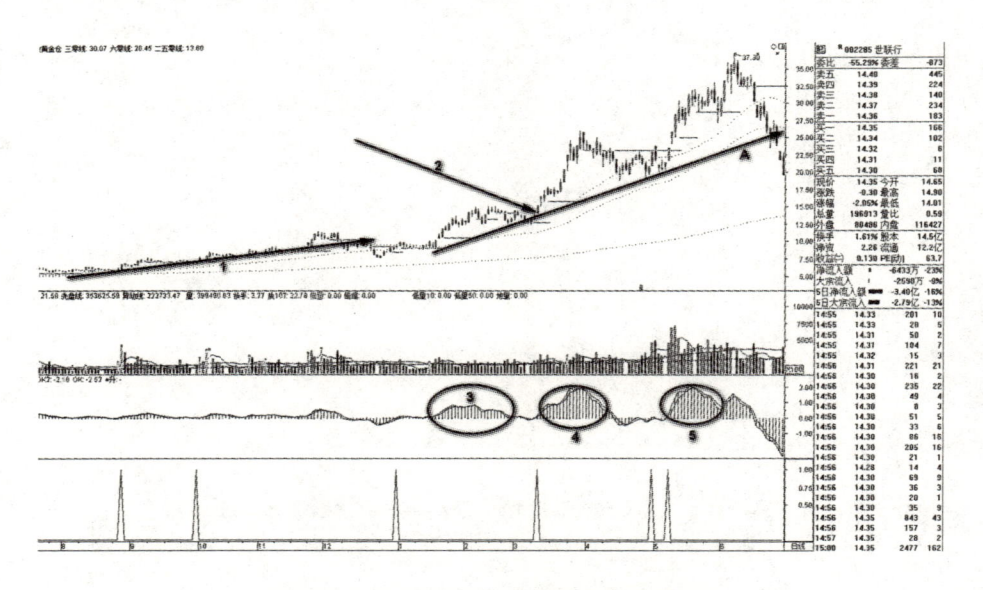

图5-5　2015年世联行日线行情走势图

在确定大盘即将走出加速波走势，并且确定在当时环境养老概念板块较为强势前提下，笔者重点关注世联形（002285）量形走势，确认该股在2015年3月11日即将展开"黄金仓"加速波的第二波,所以选择该股为重点狙击标的,并初步研判目标为36元。所以,就有了上面博客提出的:"实战个股方面,今天有朋友在问世联行(002285)是继续持有还是走人,这真的很让笔者哭笑不得!笔者反问这些朋友现在36到了吗?既然没到,继续持有,或者你大胆盘中做T即可,所以问这样的问题无意义。"相信通过前面分析,大家也就不难理解了。

随着行情的演绎,笔者对世联行(002285)目标价格进行了重新调校,读者可以查阅笔者2015年4月9日的博客内容(股海明灯的博客:http://blog.sina.com.cn/ghmdwzf)。

根据前期笔者研判分析,大盘已经濒临短线阻力区4063点-4288.3点,大盘又将重新进入高位震荡态势:①采取回档洗盘,目标3736.4点;②采取盘中震荡,利用盘中洗盘震荡上行。

前面连续一周的时间,我们提前反复提醒大家控制仓位,在当前行情下,"冷静、冷静、再冷静",当然这不是危言耸听,纵然牛市行情长期趋势看好固然不假,但是要知道牛市当中的回调洗盘更容易伤人。所以,前面笔者提出"大盘欠我们一个回调的论调"。

其实,说的更为直白一些,主力的洗盘行为是有针对性的,针对目标就是'钱多人傻'的新手投资者。很简单,大多老股民已经经历过牛熊市场的洗礼,并且深谙"盛极而衰"的道理。所以,能够做到"处变不惊、游刃有余":一方面在关键阻力位置做到仓位控制;另一方面也能对手头的潜力个股拿捏的住。这就是一种成熟股民的实战境界。但这往往又是新手投资者很难做到的,很显然追涨杀跌、不断缴械投降也就成为这类股民的操作常态了。

在实战个股方面,近期很多朋友关心笔者前面提到的世联行(002285)的操作思路,其实针对这支个股从19元左右笔者预警,到最高接近42元,中间笔者把目标36元做了一次调整,提升为52元。按照笔者的实战思路分析，当前针对52元目标的达成该股主力操盘一般有两种模式：①35.24-41.28元量线区间位置震荡蓄势并突破后加速，冲击目标52元；②借势大盘洗盘，顺势回档28.35元后，再度加速冲击目标52元。但是，面对当前大盘洗盘需求，我们也知道，"覆巢之下安有完卵"，主力如果采取第二种模式更为稳妥。当然，具体到实战，笔者还是建议大家按照《涨停擒牛十八法》的止盈策略操作执行，既不过分参与调整，又不错过个股利润。当然，针对近期行情，在实战方面，笔者建议大家切勿激进，一方面适度控制仓位；另一方面找一些前期涨幅不是过大，但是主力又进行不断建仓参与其中的稳健个股操作，例如东方宾馆（000524）等，静待大盘调整结束，重回拉升通道后再重新介入强势股主升浪的操作。

　　术业有专攻，专业成就深度，越专注者越容易取得成功。根据"工欲善其事必先利其器"的指导思想，笔者按照西山大师的要求，将量形理论实战化。当大家通过书本学完了量形理论，感觉自己还是看得明白但做起来一头雾水的时候，那么就要好好检讨一下自己的学习是否得法的问题了。如果发现自己空有一肚子学问，能夸夸其谈，但是在股市实战当中却一无斩获，或许就是你把知识学死了，笔者建议重新来过。

　　熊市"磨刀"，牛市"练枪"，牛市来了，你在哪？吃透主力操盘意图，还是要依托自己对量形理论的掌握程度。所谓难者不会，会者不难，西山居士也强调，"学习是亘古不变的道理，知识就是财富。"我们要想拿捏住主力思维，必须深入吃透量形理论，吃透《涨停擒牛十八法》。（仅供学习研究，据此操作风险自担）

　　在当前环境之下，结合近期热点，例如地产、一路一带、博鳌、环保、养老、普惠金融、O2O、PPP等领域的，择优狙击即可。综合而言，"牛市"行情不变，当前大盘节奏继续延续震荡，从长期操盘策略上来看，也是越跌越加的良机。

操盘策略：

大盘已经开始临近目标位4063-4288.3点，大盘短线风险开始逐步加大，注意仓位控制和调仓换股！

通过最后实际运行验证，世联行（002285）中间经过除权送股后，达成了笔者目标52元的预期。

这里顺便一提的是，在当时笔者还同时建议大家关注奋达科技（002681），目标股价69元，如图5-6所示为2015年奋达科技日线行情走势图。

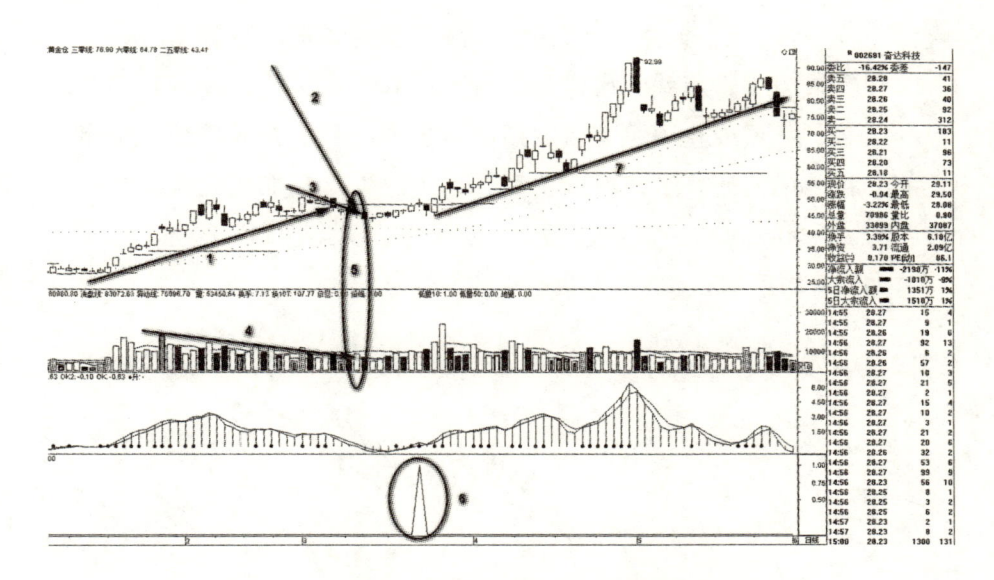

图5-6　2015年奋达科技日线行情走势图

在实战当中，对于目标位置的研判实际上是对于止损止盈位置的一种提前预判，当我们介入个股之后，剩下的就是静待"卖点"信号的产生，"趋势拐点（卖点）"是我们操盘卖出的依据，该位置可能发生在我们所研判目标之前或者之后，而"目标研判"就起到参照物的作用，让我们把控风险，操作起来更加有迹可循。

从图5-6中可以看出，奋达科技（002681）在2015年3月11日附近不光具备"一柱一线一波"战法，同时具备"抖米袋"战法的实战特点，如果伴随着股价的上冲，有效突破左峰，该股又具备了"黄金仓"战法的实战特点，看来，该股伴随大盘的加速上扬，拉升潜力同样不可小视。而实际也正如笔者所想，该股在后期运行中，不光达成笔者所提前研判的69元目标位置，实际最高冲至92.99元。同样如笔者所预判："笔者认为在44.7元以下介入都是对的，主力要冲击69元，蓄势洗个盘大家也应该理解一下，如果天天患得患失，谈何运筹帷幄？"按照44.7元以下介入，而最终卖点产生，该股实现翻倍。

在实战当中，当我们确定了趋势方向和关注板块，并且确定实战标的之后，止损或止盈策略就变得非常重要，虽然在股价还没走出来之前，我们提前研判了该股股价目标位置，但这只能作为实战当中的参照物，在实战当中还是要遵循"买点买进，卖点卖出"的原则。

如图5-7所示为2015年世联形日线行情走势图。

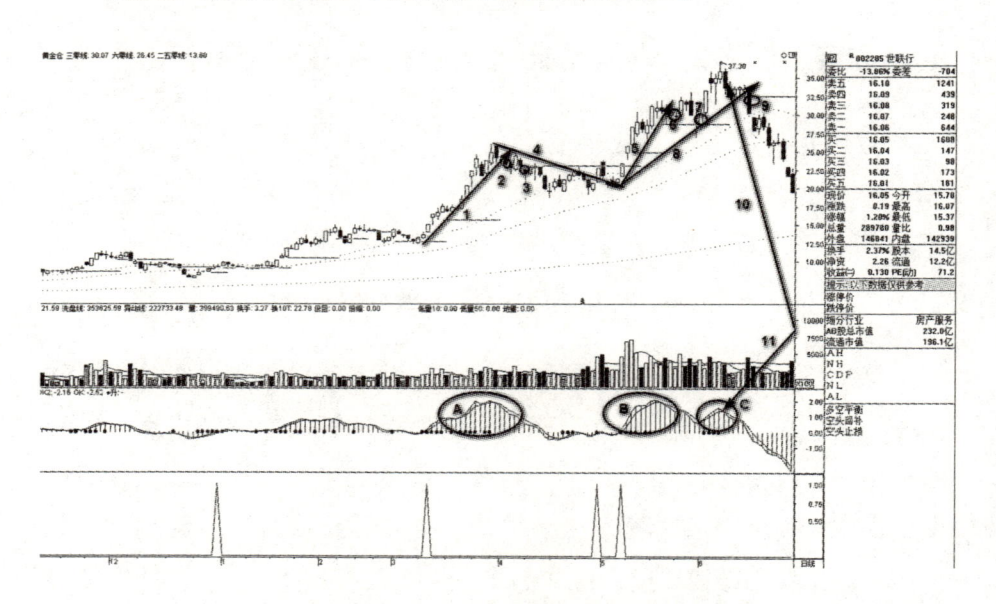

图5-7　2015年世联形日线行情走势图

从图5-7中可以看出，当股价跌破标识1之后，从短周期操作而言，我们执行止盈策略，在标识2位置减持仓位，在股价顺势跌破黄金线之后在标识3位置暂且空仓。伴随股价箱体震荡的展开，根据"一柱一线一波"战法，我们在标识4尾端标识5趋势位置继续展开狙击，同样的道理，在标识6减持仓位，但是因为股价并未跌破第一级黄金线位置，我们在标识7位置重新补仓，最后在股价跌破趋势标识8的位置，因为股价同时跌破了黄金线位置，我们执行清仓处理。至此，除非再次发生趋势逆转，否则，一个标准的主升浪走势就此完结。

根据量形理论，世联行（002285）走出标准的"黄金仓"走势，三波式加速波让该股在短短2个月左右时间内实现翻倍。

如图5-8所示为2015年奋达科技日线行情走势图。

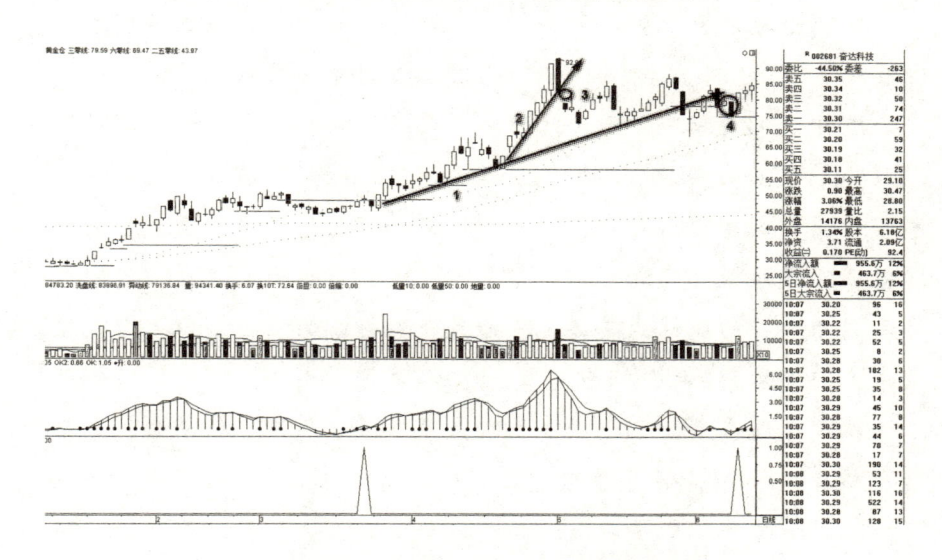

图5-8 2015年奋达科技日线行情走势图

同样道理，从图5-8中可以看出，加速波运行趋势如标识1，但是在中途产生趋势加速，走出标识2的走势，我们及时做出趋势调校，当在标识3发生趋势拐点之后分批减仓，抑或者按照大级别走势，在标识1的尾端（标识4）位置进行止盈处理。

— 123 —

第二节　狙击翻倍牛股实战案例2

实战标的：永艺股份（603600）

1. 大盘研判

我们重新回到当时的实战环境，大家可以查阅笔者2015年5月12日的博客内容（股海明灯的博客：http://blog.sina.com.cn/ghmdwzf）。

根据前期对大盘的研判分析，大盘当前处于周线级别的调整，调整目标底限3897.7点，待调整结束，继续蓄势攻击目标位置5029.3点。

首先我们要知道，出现此次降息是有意图的，看得出管理层不希望股市暴跌。其实在前面讲过，这次调整，除了因前期涨幅过快过大引发的自身调整需求之外，很显然，有一股无形的力量在进行引导，这就是很多人说中国的股市就是典型的政策市的原因所在，政策的引导和股市自身的驱动力是近期左右大盘的根本力量，所以大盘无深跌要求，但是也不会因此而重回暴涨态势。

所以，现在清仓已无必要，对大盘亦不必恐慌，接下来，大盘将会在3897.7-4460点蓄势盘整突破。在个股的把控上，散户投资者完全可以通过调整仓位到热点板块进行调仓换股，抑或针对手头的个股进行盘中做T，但是如果盘中做T，建议不要拿全部仓位进行操作，避免坐反。这样看来，后续大盘的弱势盘整震荡机会，实际是迎来了赚钱之机。当然，接下来就看各位如何把控了！

实战方面，笔者对于前面研判个股世联行（002285）在分红之后，36目标不变，细心跟进明灯博客的朋友知道，002285近期走势与者前面分析的第二套打法一致。今天，飞毛腿盘前预警了永艺股份（603600），考虑主力作盘，目标暂不公布，需要了解的朋友可以添加公众号（ghmd_178148）进行关注。

当然，在当前盘整行情中赚快钱需要大家具备一定的技术功底，对于毫无技术功底的散户投资者而言，风险就显得偏大了。实战技术方面，我们提倡学习的《涨停擒牛十八法》不光是注重吃透实战思路，更重要的是形成赚钱的思维和习惯。不管是操作那只股票，只要学会看透主力阴谋，我们就能立于不败之地。

操盘策略：

大盘大趋势目标5029.3点不变，但是当前周线级别调整周期展开，后续大盘将进入3897.7-4460点的盘整震荡阶段，实战方面注重热点、控制仓位盘中做T即可！

大家可以再次查阅笔者2015年5月26日的博客内容（股海明灯的博客：http://blog.sina.com.cn/ghmdwzf）。

对个股的研判和大盘一样，笔者在年前年后，在奋达科技、世联行、永艺股份上的操作让笔者的资金翻了几倍，当然这也是必然的【笔者原来研判奋达科技（43-69）、世联行（19-52）、永艺股份（55-135），大家可以查看历史记录：微信公众号 ghmd_178148】，特别是在永艺股份上面，一个月实现资金翻倍。当然，就近期而言，很多朋友这两天恐高永艺股份，操作了笔者研判分析的雅致股份（002314，目标13.5），也是两天吃掉2个板。所以，笔者倡导牛市"赚快钱"的提法，绝非空谈，对普通投资者而言，做到这种境界已足矣。

上面是笔者当时对于大盘走势趋势和个股的研判情况，接下来我们重新回顾一下当时的实战场景。如图5-9所示为2015年上证指数日线行情走势图。

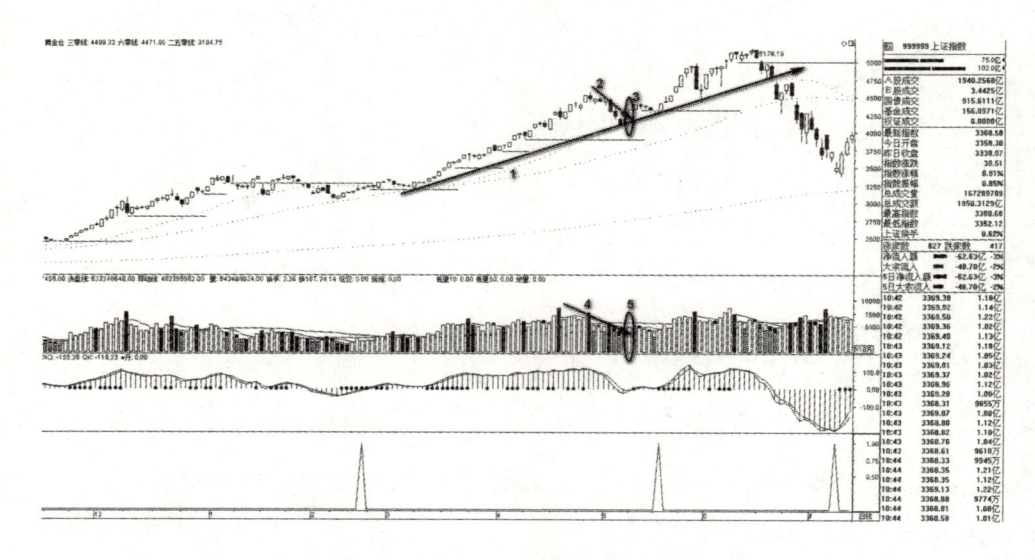

图5-9　2015年上证指数日线行情走势图

从图5-9中可以看出，上证指数在2015年5月11日已经出现箱体"一柱一线一波"战法买点。如果加速上行，所面临的问题是左峰套牢筹码的抛压问题。根据60分钟大盘走势，笔者初步预判在4460点产生剧烈震荡。但是因为鉴于是60分钟走势，这种震荡持续不会太久。如果量能维持放大，该局面将会被打破，产生日线周期上行拐点。但是如果量能不能有效放大，笔者要时刻通过注意控制仓位降低风险。

2. 板块研判

如图5-10所示为2015年5月家居用品板块行情走势图。

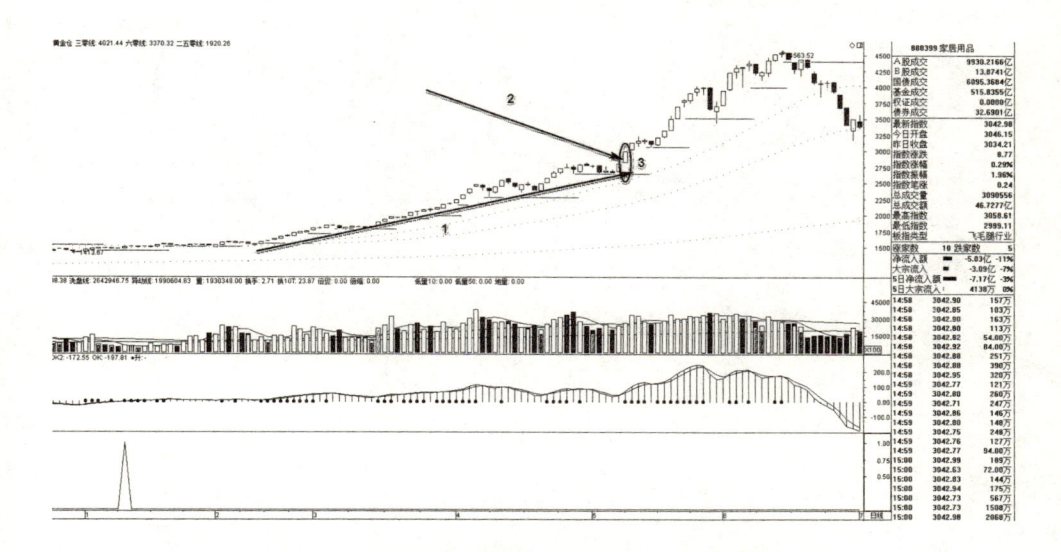

图5-10　2015年5月家居用品板块行情走势图

从图5-10中可以看出，根据量形理论，在确认大盘产生趋势拐点之后，家居用品板块在2015年5月11日同样产生了趋势拐点，同大盘走势不同的是，该板块走势不受箱体束缚，大有"一马绝尘"之感。笔者大胆分析，家居用品板块应该将会展开加速行情。

3. 个股研判

在确认大盘趋势向上的前提下，接下来我们不仅仅是将目标放在赚钱的层面，而是在这种趋势行情下，如何实现"赚快钱"的目的。

简单一点来说，如果行情来临，操作龙头板块中的龙头个股，不光成功概率较高，而且会收益颇丰，而操作跟风个股则成功概率较低，收益也较低。因此，从"赚快钱"的角度考虑，真正的"风险"

在于投资者是否选对了龙头股,例如"龙一"或者"龙二"等等!

如图5-11所示为2015年5月永艺股份行情走势图。

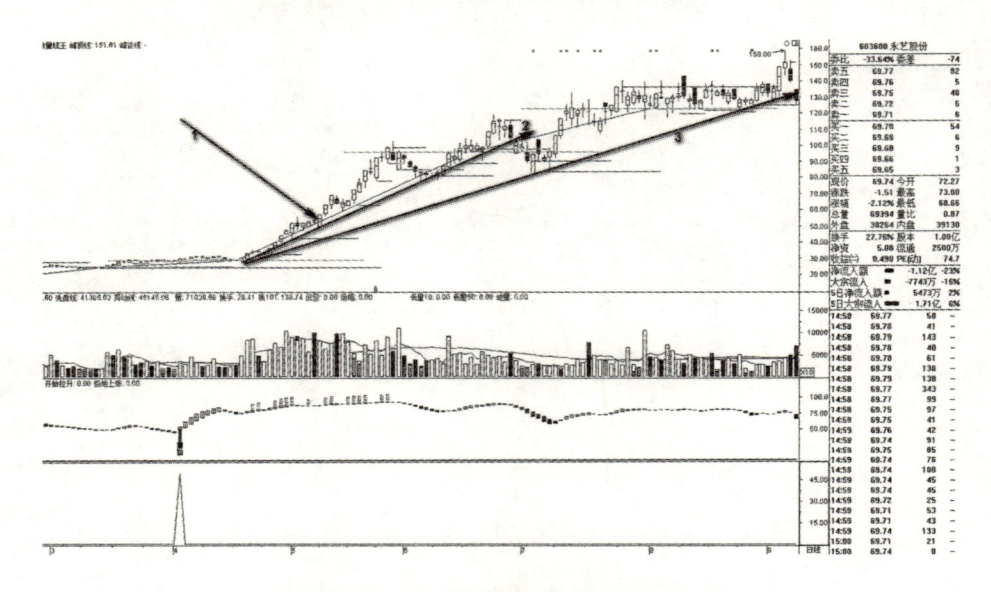

图5-11　2015年5月永艺股份行情走势图

从图5-11中可以看出,当大盘还没走出箱体震荡之时,永艺股份(603600)在5月11日(标识1)已经展开了加速上行走势,所以就出现了一种层进关系:大盘出现趋势买点—板块走势出现加速拐点—个股已经处于加速状态。

所以,在趋势行情向上的环境,如果选择强势板块中的强势个股,往往会在同等行情下达到"赚快钱"的效果。所以也就有了笔者前面的精准预判:"对个股的研判和大盘一样,笔者在年前年后,在奋达科技、世联行、永艺股份上的操作让笔者的资金翻了几倍,当然这也是必然的【笔者原来研判奋达科技(43-69)、世联行(19-52)、永艺股份(55-135)等】,特别是在永艺股份上面,一个月实现资金翻倍。"

所以，在量形实战当中，要学会择强而入，只有这样，我们才能跑赢大盘，才能成为真正的赢家！要做到这一点非常容易，可惜很多投资者不知道如何挑选龙头股票，更不知道什么时候去买入这些龙头股票，其结果自然是坐失极其难得、珍贵的暴富机会！

股市里有句名言叫作"买股票看好的是未来"，意思是买入一只股票，就是为了期望这家公司出现高成长。如果从机构或长期投资的角度看，这句话没有错，道理很正确。但如果从中小投资者的角度看，这句话实在是害人匪浅！所以说，我们宁可买现在正在上涨的股票，也绝不要去买未来可能上涨的股票。把握今天，要比赌明天更重要。

在整个实战过程当中，纪律是胜利的根本保证，相信大家都知道这句话的意义，但遗憾的是绝大部分投资者在实际投资中常常违反操作纪律，其结果也自然是该赚的赚不到、不该赔的却赔得很惨！

小结

本章的目的是通过对实战案例的学习，使读者深刻领会量形实战的精髓。当然，只有当你真正"得到了"才有价值，否则你的付出（时间、精力、金钱等）没有任何意义，因此，不要痴迷作者之"神技"，只要你肯学，你也能做到。

第六章

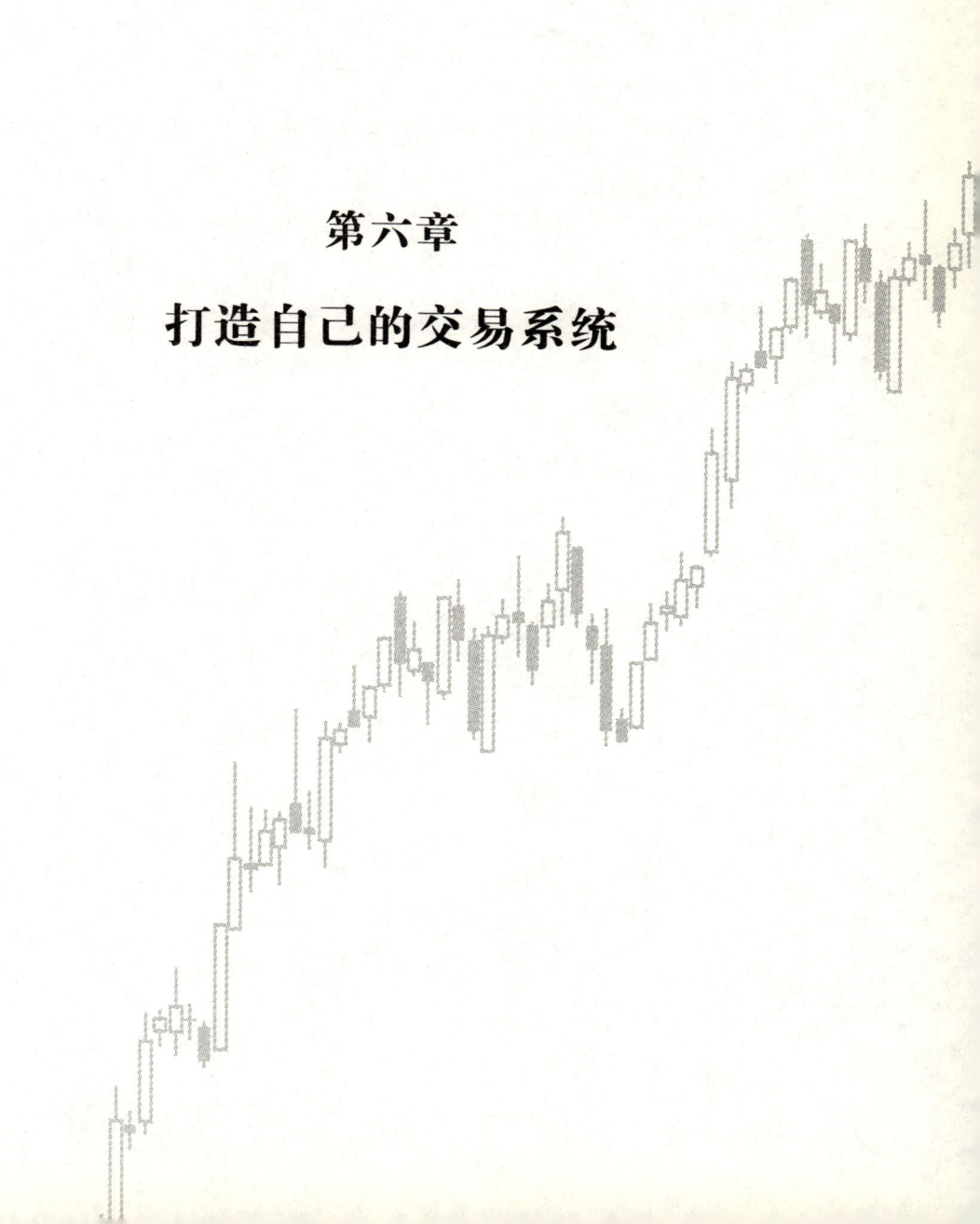

打造自己的交易系统

在量形实战当中，最重要的莫过于通过对于量形理论的学习，形成自身的交易系统，并且执行一定的实战规则，这样往往能避免决策失误。

也只有这样，投资者才能在交易最激烈的时候对进场或者出场的判断保持思路清晰。在情况发生异常、自己盘中决策时间很短的情况之下，执行预先建立的精确的、不含糊的计划即可，从而做到防患于未然。经验表明，出色的交易人员都会开发适合自己的交易系统，这也是成功的秘诀之一。如果我们想成为市场上的赢家，也必须打造一套属于自己的交易系统。

交易系统的特点在于它的完整性和客观性。从理论上来说，对任何使用者而言，如果使用条件完全相同，则操作结果完全相同。

第一节　量形选股的三大策略

1."审慎应对"策略

股价跌宕起伏，在其起伏的峰谷之间蕴藏着财富，但同时也隐藏着风险。"股场如战场"，这里虽然没有弥漫的硝烟，却同样有着血淋淋的搏杀。

这里提到的"审慎应对"策略，实际上是针对大多数投资者的实际交易情况而言的。在实战操作当中，相当一部分交易者盘中做出决策，而这部分交易者当中又有相当一部分人在收盘之后后悔不已。很简单，盘中盲目决策、盲目交易容易陷入感性的情绪冲动，难免会出现追涨杀跌的现象。

所以，针对该种普遍现象，建议投资者盘后选股，或者在心情愉悦、时间充裕、思路清晰的情况下做出选择，避免在动态环境下进行非理性的交易操作。

2."择势择策"策略

前面讲过，要想实现股市"赚快钱"，我们要尤为关注加速波形态。"暴涨暴跌""牛短熊长"一直是中国股市的特点，在牛市、熊市抑或震荡市环境下，我们要学会在不同趋势下选择不同实战策略捕捉加速波，这需要交易者熟练掌握加速波走势形态。

在实战狙击方面，要遵循以下几个步骤。

首先：确立狙击方案，建立狙击股池。

当我们确定大盘趋势之后，就要制定狙击方案。比如狙击"黄金仓"类个股，那么就将具备"黄金仓"要素的个股形成一个实战股池，我们实战狙击的股票就出自该股池。

其次：广撒网，重点捕捞。

在确定实战股池之后，往往股池内的目标个股会有几只或者几十只。但是真正到了实战状态，我们应将狙击范围缩小至一只，最多不超过两只，当然机构投资者另当别论。通过缩小目标，可以使我们有充分的精力应对股价涨跌变化；另外能够实现优中选优。例如"黄金仓"股池个股，虽然形态符合，但是是否符合近期热点？是否盘子过大？是否建仓周期过短？是否以涨停突破？等等，这些都将成为我们判断该股强弱的依据。如果目标分散，难免会让自己顾此失彼。

3."不参与调整"策略

股票的上涨都伴随着一个调整的过程，也就是必定要经过一个筹码"消化"的过程。而回避调整，是我们在实战操作当中降低风险的实战策略，要知道"空仓也是一种投资"。当然，针对操作个股上涨中途出现的调整，我们也可以以"波段"来应对，抑或将该调整周期的操作级别降低，例如将日线转为60分钟或更低级别，使操作买卖更加精准。

将股票的调整阶段降低周期级别分析，要记住一条就是不能"贪"。周期级别低了，自然股价波动就大了，期间只能做短线，"得些好处须回手"，绝对不能太贪。因为无论是涨势过程中还是跌势过程中的调整，都不意味着大方向的改变。

第二节 量形狙龙头的三大法则

1. 锁定"龙头股"

威廉·欧奈尔是美国华尔街著名的投机大师，多年来不厌其烦地对美国股市中的领涨个股进行全面研究，最终得出的结论是："不买落后股，不买平庸股，全心全力锁定领导股！"

同样，在A股市场，大盘启动后追进龙头股，也是一种非常有效的投资方法。"牵牛要牵牛鼻子，拦羊要拦带头羊。"龙头股是市场的领头羊，在同等市场环境下，其涨幅往往会大于其他板块个股。龙头股往往出现在每一次中级或者以上行情当中，而每一次大行情的来临往往又是由领涨板块或领涨板块中的龙头股引发。

锁定龙头股，就必须密切留意行情，能作为龙头个股的股票除了在行业或者区域中占有一定地位之外，在量形特征方面充分体现了"先知先觉"的实战特征。例如，大盘或者板块尚未走出调整，但是个股已经展开"加速波"走势，而紧跟其后的是，大盘或板块相继进入"加速波"走势。当然，在实战当中，很多龙头个股直接走出"一字板"的走势，投资者很难参与其中，但是，我们完全可以将"龙二""龙三"列为实战标的。

如图6-1所示曲美家具2015年上半年行情走势图。

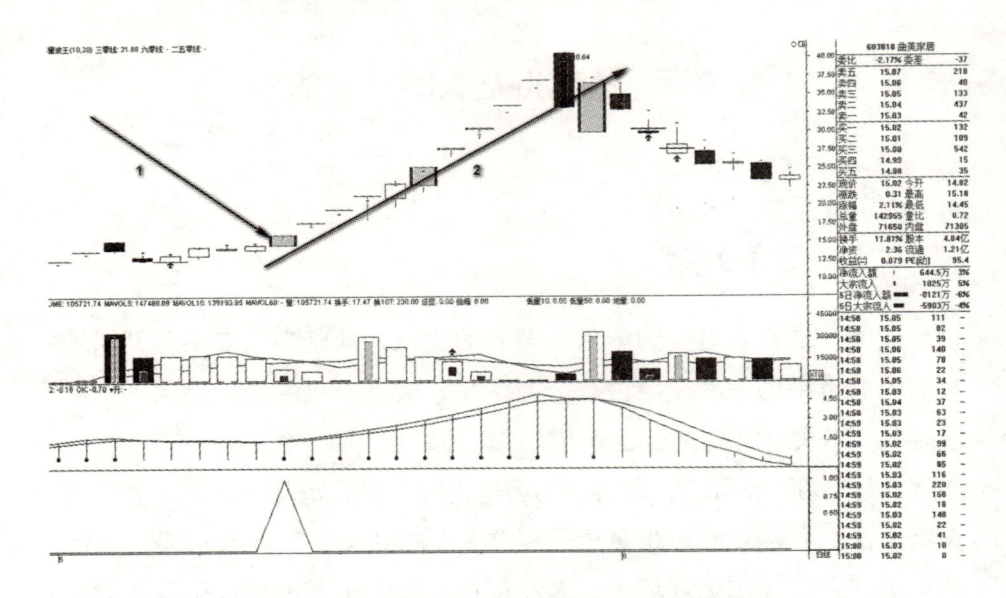

图6-1 曲美家具2015年上半年行情走势图

前面实战案例中已经分析过，在2015年5月份大盘确认加速开始，我们将狙击目标锁定在家居用品行业板块。当时笔者发现，曲美家具从2015年4月22日到2015年5月6日的短短时间内，已经实现资金翻倍，但是因为一直采取"一字板"走势，普通交易者很难参与其中。从走势形态上而言，该股在当时家居板块所有个股当中走势遥遥领先，这是毋庸置疑的。短短时间的翻倍走势也给我们对实战龙头的选择制造了一个烟幕弹，对"龙头"难免"恐高"。但是"龙头"毕竟还是"龙头"，涨势可谓气势磅礴，其后依然一路涨停从13元冲至40元，让人叹为观止。

后来笔者了解到的曲美家具的资料如下：行业龙头品牌，受消费者青睐。1987年，曲美家具品牌在充满着对欧洲自由主义生活态度和西方视觉审美艺术的美好敬意下华丽诞生！在走过的22年岁月里，曲美家具以稳健的经营、雄厚的实力、成熟的产品以及星级的服务，已发展成为集设计、生产、销售于一体的大型、规范化家具集团。现为中国家具协会副理事长单位，拥有"中国名牌""中国驰名商标""中国环境标志（即十环环保认证）""政府指定采购品牌"等多项国家权威荣誉。

曲美家具集团有限公司在职员工3000多名，拥有4个家具生产基地，40万平方米的厂区规模，销售网络覆盖全国，拥有近600家专卖店，其中面积在3000平方米以上的独立专卖店有40余家。

曲美集团制造系统四个大型制造基地，拥有世界先进的板式家具生产线和实木家具生产线，80%的设备均由德国、意大利等地进口。集团斥资2000万从丹麦引进国际一流的实木压缩弯曲加工设备和技术。目前，曲美集团是中国唯一拥有此项技术和设备的家具企业。

2. 狙击"龙头股"

在实战当中，一旦确认龙头个股，要敢于介入，即便其已经具备了一定涨幅。很简单，"强者恒强"，龙头股不光涨势凶猛，往往抗跌性也较强。之所以龙头不倒或者难倒，很大原因是市场主力竭力呵护的结果，目的是树立典范，鼓动人气，从而靠龙头激活市场。

3. 分散参与"龙头股"

如果说我们将"龙头股"当成一杆旗帜，行情被龙头股激起，那么在同一板块之下，其他个股也会蜂拥而起，被市场主力趁机狂炒，从而形成板块效应。如图6-2所示为证券板块2014年行情走势图。

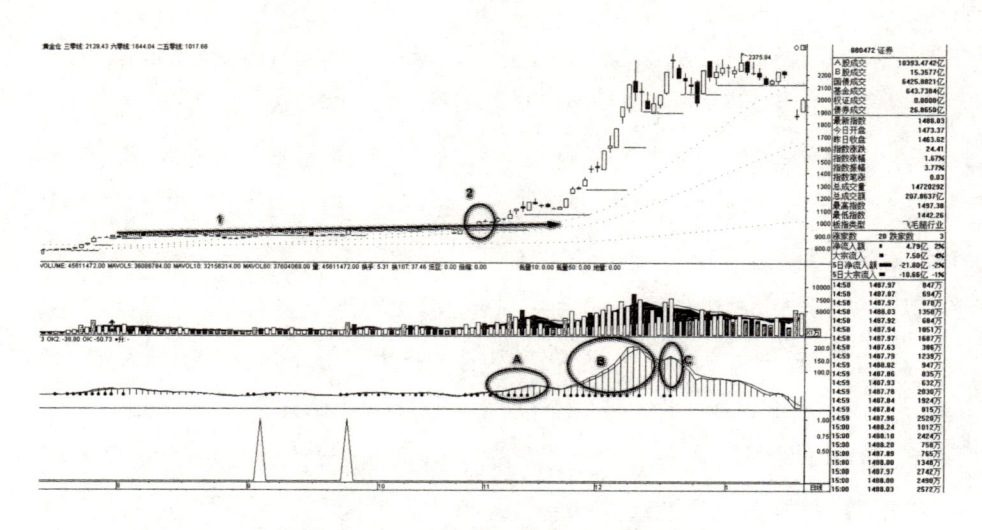

图6-2 证券板块2014年行情走势图

2014年四季度,金融板块出现整体上涨,特别是券商行业成为沪深两市中的明星板块,受到资金追捧,券商公司则成为业绩高增长的集中地。从量形形态上,很显然,该板块具备了"黄金仓"战法技术形态,"加速"在所难免。

同理,"牛势"板块引发"牛势"个股,而"牛势"个股也会引领"牛势"板块。请看光大证券2014年行情走势图,如图6-3所示。

第六章 打造自己的交易系统

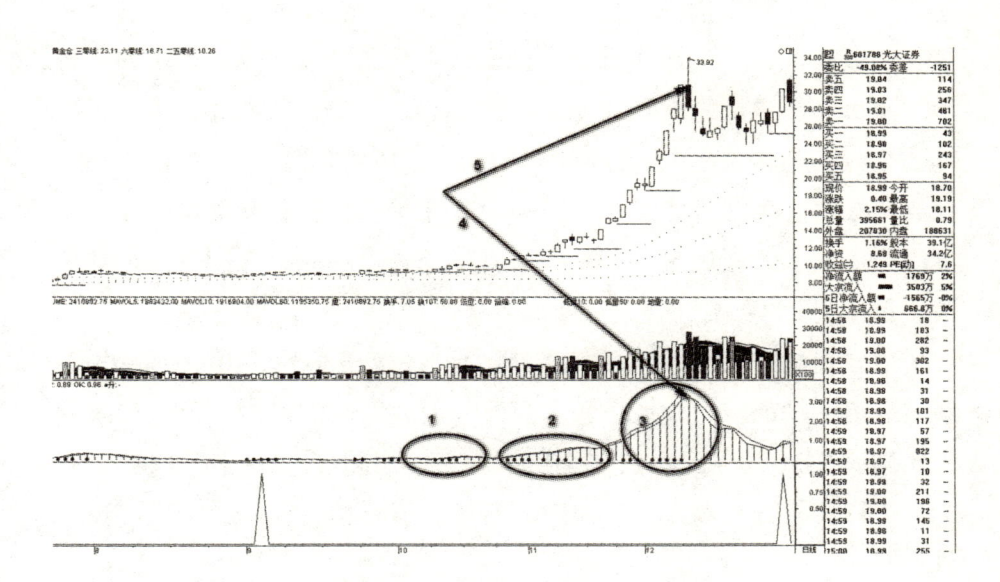

图6-3 光大证券2014年行情走势图

再看中信证券2014年行情走势图，如图6-4所示。

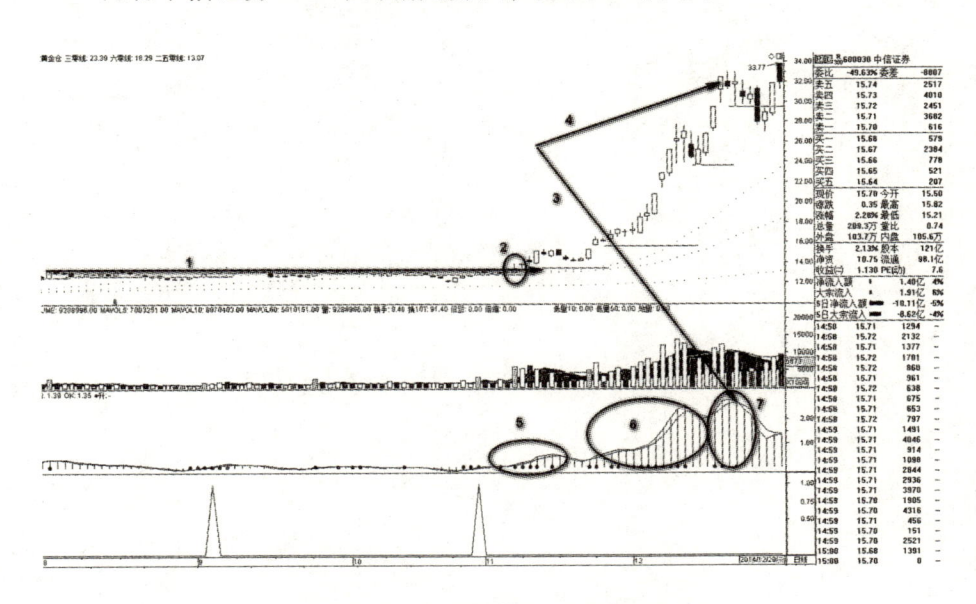

图6-4 中信证券2014年行情走势图

一般来说，一个板块或一个行业有一只龙头股，表现次之的称之为"龙二"，再次之就是"龙三"。当然，"龙三"或许已经和板块其他个股表现相差不大或开始接近了。从图6-3和图6-4中可以看出，在券商板块产生加速信号之后，板块其他所有个股展开集体上涨。在实战当中，不管板块是"龙头"引发还是集体暴涨，我们可以将目标锁定在"龙一"或者"龙二"上面。

比较而言，"龙一"是涨幅最大、跌幅最小的，并且有率先上涨、延后下跌的特点，所以狙击到龙头股收益较为可观。但是如果龙头股缺失实战机会，我们完全可以将目标分散至"龙二"或者"龙三"进行实战分仓操作，但是对于普通投资者而言原则上不应超过两只股票。

第三节 建立自己的交易系统

建立自己的交易系统，前提是建立在自身对量形等理论的把控之上。有的人说"理论的基础是实战，实战是靠理论指导的；而看对与做对之间的距离如千山万水，优秀的操盘手都是那些肯下笨功夫的人"。而那些优秀的操盘手大都有自己独特的交易系统。

交易最主要的就是一种心理博弈，而交易系统的制定会消除与交易相关的心理问题，借用交易系统遵守既定规则静候时机可避免率性而为。

但是需要注意的是：一旦将规则设定至电脑可以执行交易的详尽程度，因为过度精准，缺乏一定的交易弹性，交易系统仍会错失一部分较好或极佳的交易机会。所以过于机械化的交易不可取，但随性而为的交易亦不可取。

投资者借助量形理论制定适合自身的交易系统，目的在于缩小狙击范围，锁定狙击股池；但当我们锁定股池之后，将会重新通过量形理论，审视目标个股，再次锁定狙击标的，这无疑是精准的。以下就以飞毛腿交易系统为例来进行分析。

在传统理论当中，市场获利模式有三种：超跌反弹（反转）、高抛低吸、强势追高。在实战交易当中，我们利用飞毛腿交易系统将这三种盈利模式进行了系统量化。

1. 超跌反弹（反转）

在飞毛腿交易系统当中，依据量形理论，从"赚快钱"的角度出发，我们对超跌反弹（反转）进行了实战量化，对于超跌个股的实战狙击演变为"一柱一线一波"战法的实战运用。

如图6-5所示为中国宝安2015年行情走势图。

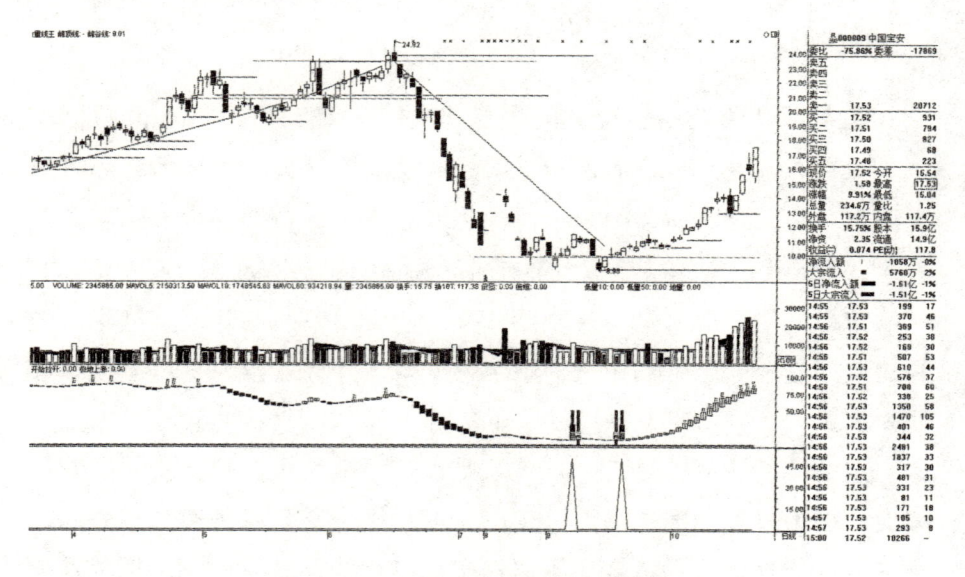

图6-5 中国宝安2015年行情走势图

如图6-6所示为特力A 2015年行情走势图。

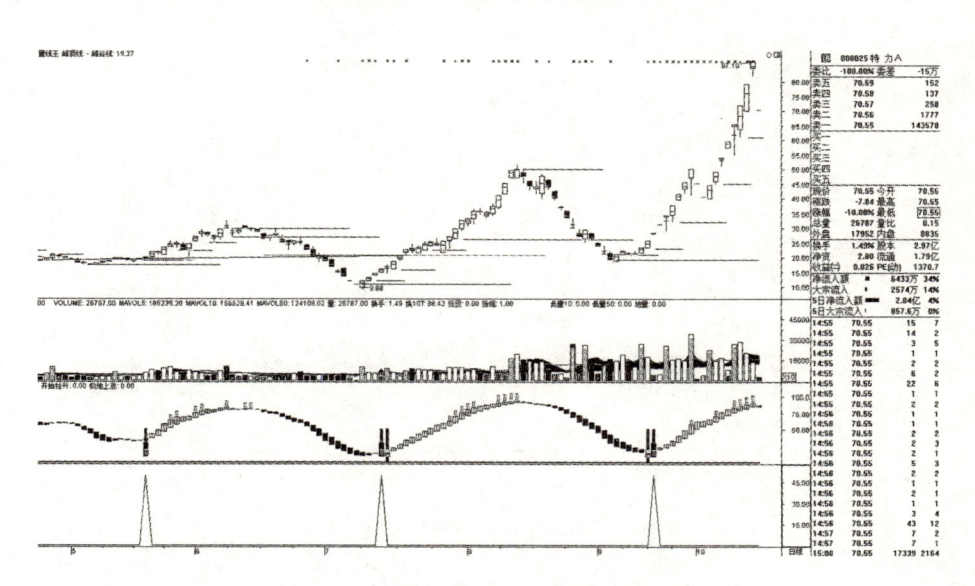

图6-6 特力A 2015年行情走势图

利用该系统，我们利用"一柱一线一波"战法对符合条件的超跌反弹的个股进行筛选，选出适合自己狙击的股票，提高了实战效率，往往能够达到事半功倍之效果。

2. 高抛低吸

高抛低吸、波段操作，最重要的是把握节奏。高抛低吸涵盖了整个股价运行趋势，而从"赚快钱"的角度出发，飞毛腿交易系统将"高抛低吸"进行量化，将范围缩小在如"缩量波抓涨停"类个股，目的还是在于提高赚钱效率。

如图6-7所示为深深房A 2015年行情走势图。

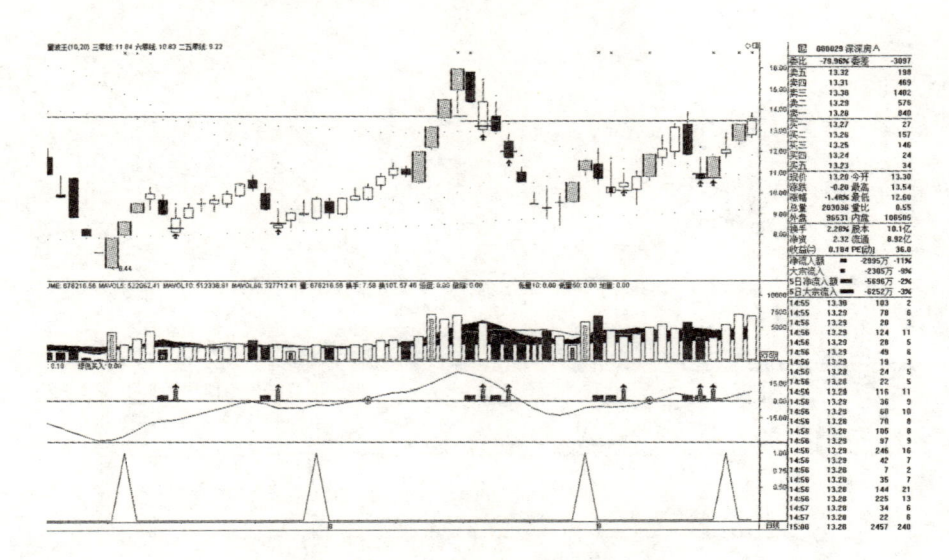

图6-7　深深房A 2015年行情走势图

如图6-8所示为中粮地产2015年行情走势图。

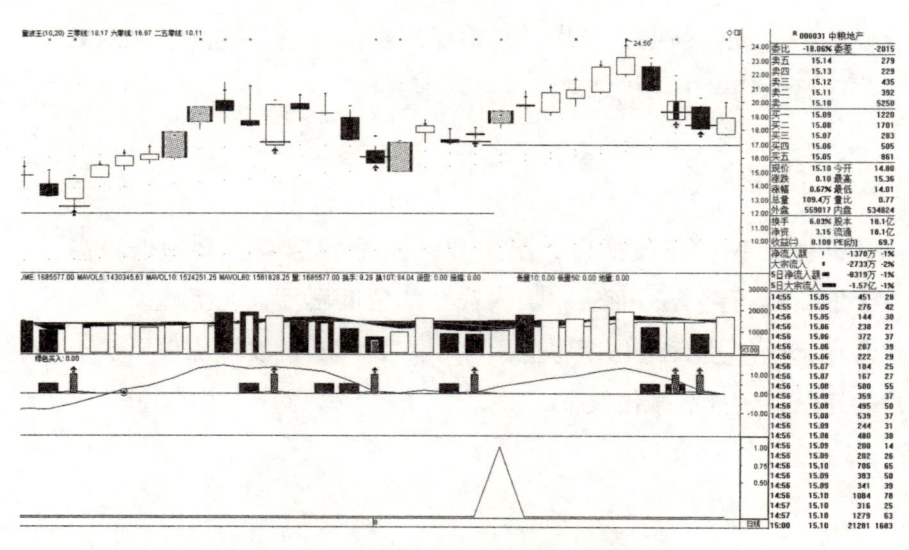

图6-8　中粮地产2015年行情走势图

股市中的高抛低吸，一般说来，低位吸筹安全系数较高，获利的概率较大。但往往很多底部起涨的个股因为量能动力不足，涨幅空间有限，往往很容易错失获利良机。所以在飞毛腿交易系统当中，将"缩量波抓涨停"列为低吸的重点。低吸目的为短期捕捉到"涨停"或"大阳"，从而达成"赚快钱"之目的。

3. 强势追高

实际上，强势追高是一种不理性的操作手法。我们在飞毛腿交易系统当中，将"强势追高"与"黄金仓"战法进行实战融合。虽然"黄金仓"实战个股同属于"强势"股，但不同的是，该"强势"股同属于"起涨点"形成刚刚展开加速的个股，而非"追高"。

请看深信泰丰2015年行情走势图，如图6-9所示。

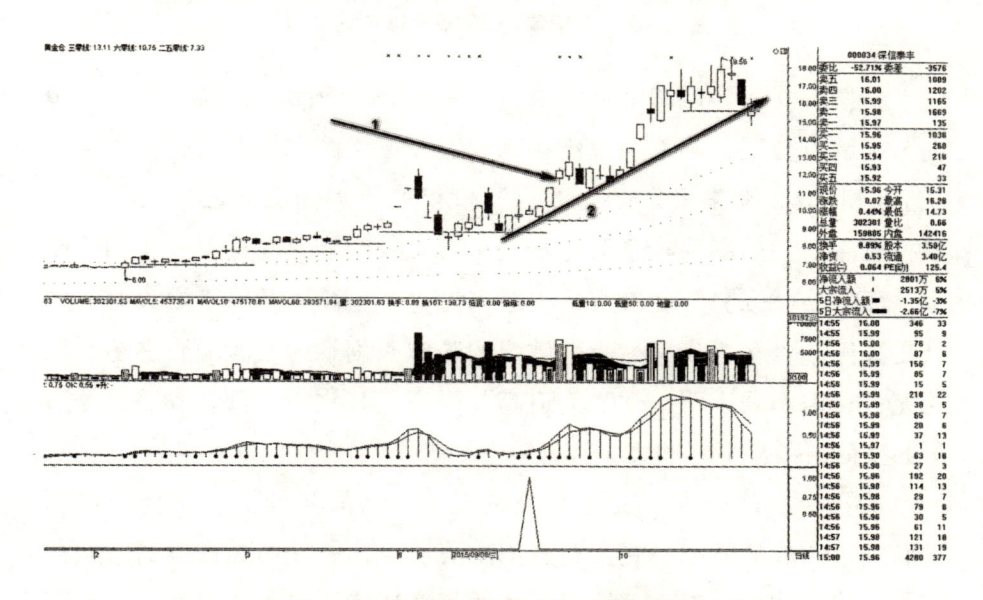

图6-9　深信泰丰2015年行情走势图

再请看宜华健康2015年行情走势图，如图6-10所示。

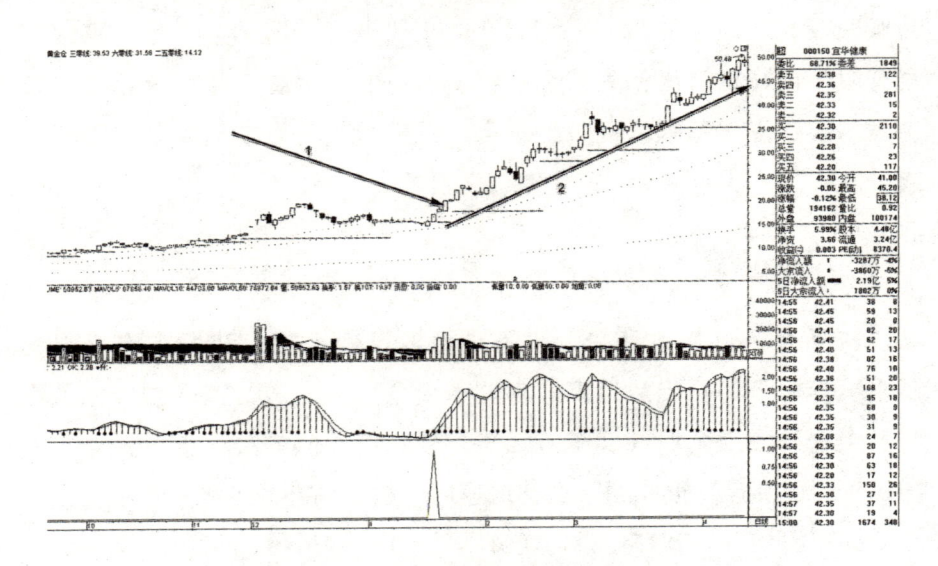

图6-10　宜华健康2015年行情走势图

从图6-9和图6-10中可以看出，两幅图中标识1位置均为"黄金仓"起涨点位置，同前期股价相比，起涨点均已创出新高。实际上，从后期股价高度来看，"起涨点"仅仅处于半山腰而已。之所以很多投资者对"追高"唯恐避之不及，很大程度上只注重了股票的"高位"而忽略"强势"。确实，一般来说，"追高"乃股市之大忌，尤其是涨停股，多为庄家为吸引散户的眼球而刻意为之，陷阱多多，风险尤大；但实践表明，"强势追高"得当，其收益和资金效率远超所谓的"低买"甚至"抄底"。

从技术层面来看，交易系统是理论的实战延伸，它不仅会提高我们股市实战的效率，更会对我们实战操盘的率性而为加以约束，提高了实战成功的概率。系统对不同的行情环境均有与之相对应的不同的应对策略和实战战法，甚至有选股、预警、股池以及盘前"涨停伏击"等，考虑到篇幅问题，这里就不一一赘述了。

第四节　执行操盘纪律

不管是指标公式、交易公式还是交易系统，其生命都源于交易策略。交易策略是根据对市场的基本原理和运行的非随机性特征及规律性进行深入研究后制定的作战原则和总体思路。

在交易系统没有信号时期，是否具备空仓所需要的心理素质，是交易系统成败的重大问题。

因此，技术交易系统只是交易系统的一个部分，而不是全部。当技术交易系统出现信号后，接下来并不是系统在做决策，实际上是人在综合做出行为决策。一份好的交易系统有行情研判、资金管理和交易策略，这三点对交易的成功来说是相辅相成的。所以，交易系统是综合分析系统，是在正确的时机、选择正确对象、进行正确的行为的决策系统。

如图6-11所示为上证指数2015年行情走势图。

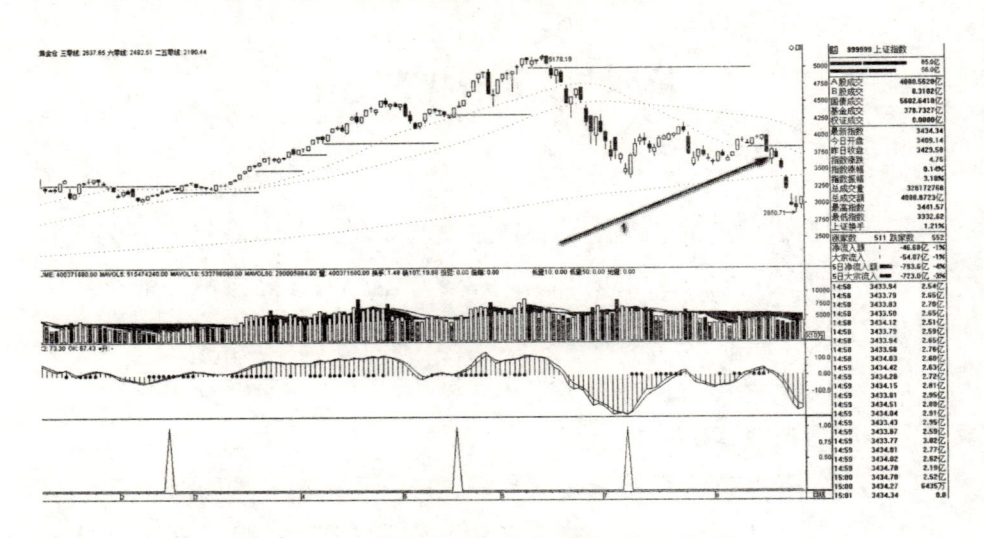

图6-11　上证指数2015年行情走势图

我们重新回到当时的实战环境，读者可以查阅笔者2015年8月20日的博客内容（股海明灯的博客：http://blog.sina.com.cn/ghmdwzf）。

静待大盘企稳3896点。

上周三笔者分析了决定市场交易价格起伏的只有两个变数，一是人心；二是资金。通过管理层的参与，从这两个方面入手，产生后期"慢牛"走势的预判。

笔者前面说过，从技术层面分析，3664点－4100点是大盘震荡区间，如果大盘有效跌破3896点，我们要逢高减持仓位；但是如果有效跌破3664点，大盘将进入风险区，原则上以严格控制仓位或暂且持币为主。

按照正常技术趋势走势，大盘要跌破3000点，但是因为7月初救市资金的参与，增加了很多不确定性，而现在的市场只要有风吹草动，就会草木皆兵，造成交易者信心不稳。所以，后面的行情短线机会，关注大盘地量信号是否出现即可。那么后续关注的板块，还是继续建议大家关注纺织服饰板块洗盘结束情况。

从周二暴跌到今天为止，管理层仍然未出很明显的安抚政策，加之周五股指将进行交割，空头借机发挥，短期市场稍受影响。所以，想在要想稳定市场，"人心"很关键，"人心"不稳，"慢牛"概率也将大打折扣，散户就会出现恐慌性抛盘，这样一来，所谓的救市仅仅是延缓了大盘下跌的速度而已，救市最终将以失败收场。这也反映出A股市场赚钱之难，管理层进场也难逃套牢命运，说明当前的A股市场已经不再是一个正常的市场。

"覆巢之下，安有完卵"。不管是"纺织服饰"板块还是其他，面对大盘的系统性风险，对于散户投资者而言，跌破3896点，控制仓位控制风险，而跌破3664点将是风险转折点。从今天的跳空低开、顺势跌破来看，大盘有继续下行的动能，小心每次无量的反弹就是典型的诱多，建议严格控制仓位观望，静待大盘地量出现。

还是那句话，股市的起起伏伏有其内在规律，高手在风险面前该空仓空仓了，该控仓控仓了；在机遇面前更是抢进先机了。所以，不学习，急有何用？笔者也反复在微信公众号强调，学习是亘古不变的道理，切勿本末倒置。大家可关注微信公众号（ghmd_178148）。

笔者反复提醒，对毫无技术功底的散户投资者而言，和主力博弈，就显得外行多了，所以必须将自己塑造成为专家。实战技术方面，笔者提倡学习的《涨停擒牛十八法》不光是注重吃透实战思路，更重要的是形成赚钱的思维和习惯。不管是操作哪只股票，只要学会看透主力阴谋，我们就能立于不败之地。

术业有专攻，专业成就深度，越专注者越容易取得成功。根据"工欲善其事必先利其器"的指导思想，笔者按照西山居士的要求，将量形（量柱、量线、量波）理论实战化。当大家自己通过书本学完了量形理论，感觉自己看得明白但做起来还是一头雾水的时候，那么就要好好检讨自己学习是否得法的问题了，如果发现自己空有一肚子学问，能夸夸其谈，但是在股市实战当中仍一无斩获，或许就是你把知识学死了，笔者建议重新来过。

熊市"磨刀"，牛市"练枪"，吃透主力操盘意图，还是要依托自己对量形理论的掌握程度。所谓难者不会，会者不难，西山居士也强调，"学习是亘古不变的道理，知识就是财富"。我们要想拿捏住主力思维，必须深入吃透量形理论，吃透《涨停擒牛十八法》。

操盘策略：

静待3896点企稳；跌破3664点大盘风险来临，严格控仓或持币静待大盘地量来临。

我们再来看当时飞毛腿交易系统提供的交易决策：

"8月20号，3896点企稳前，严格控制仓位为主！

操盘策略：

操作上控制三成以下仓位，静待3896点企稳。大盘有效跌破3644点空仓为主。"

如何看待自己的入场信号，在行情趋势发生变化之时如何做出选择，交易还是离场等问题，一个能够很好地解决这些问题的交易系统首先必须是公平、公正、理性全面的，不管遇到什么样的问题，投资者都能够从中找到思路来指导交易的进行。在量形理论当中，为了实现"赚快钱"，投资者更应该看重趋势，忽略短线波动，不达目标不出手，该贪的时候绝不手软。当然，这就要求我们在实际操作当中认真执行操盘纪律。

小结

　　吃透量形理论,在深入理解与实战运用的同时必须打造一套属于自己的实战交易系统,或者可以采用"拿来主义",使用飞毛腿等交易软件帮助决策,正所谓"借力使力不费力",借助别人的交易工具,把自己武装起来,同样可以达成自己在股市中快速获利的目的。

第七章

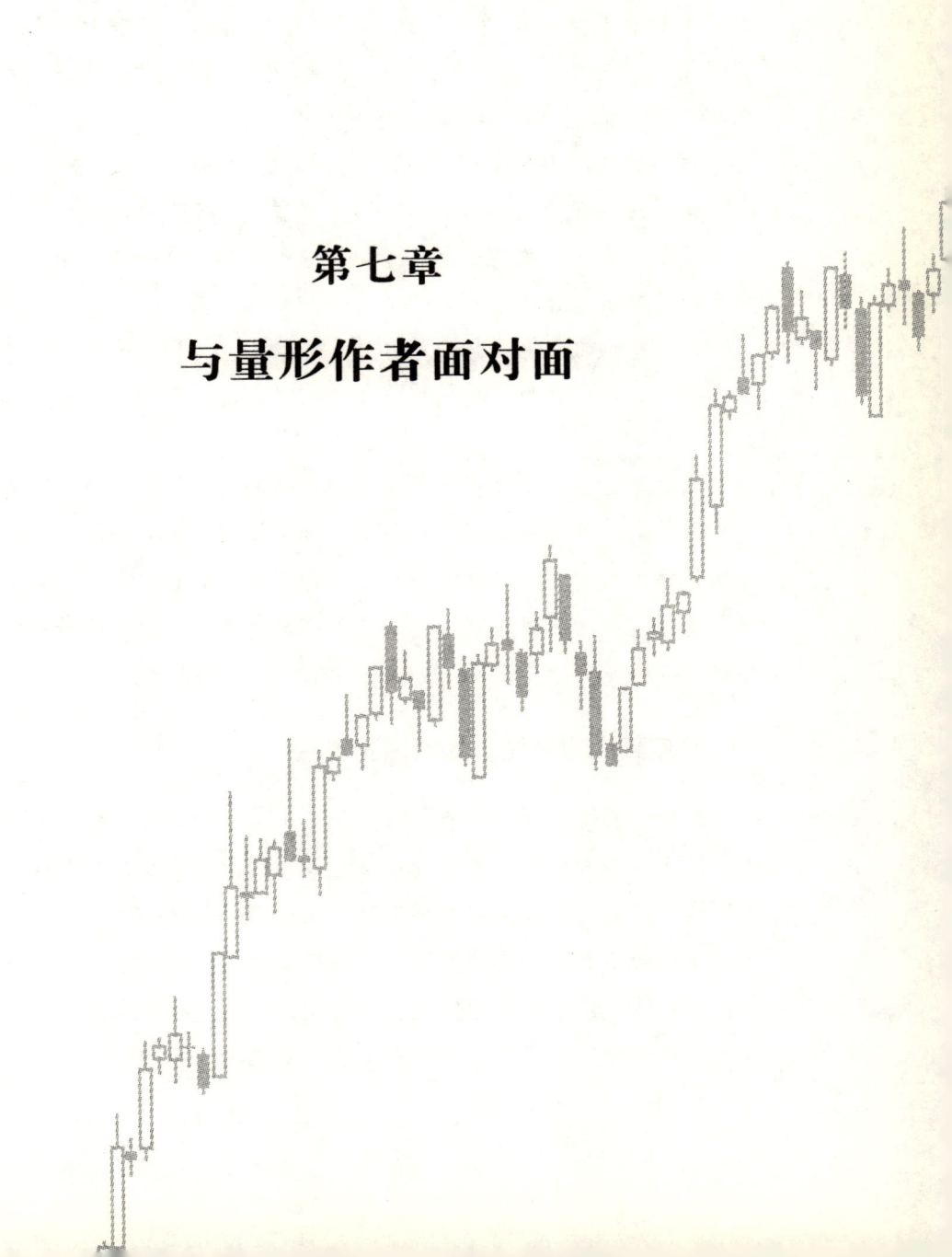

与量形作者面对面

在中国的股票市场中，投资者存在一种十分常见却有趣的现象：当一只股票跌了不少，大家总是寄希望它能涨回来从而避免损失，但不愿面对它继续下跌的可能性；相反，当股票涨了不少，反倒会整天担心再跌回来，宁愿现在卖掉"落袋为安"，忽略了它可能会继续上涨。不论涨跌，投资者最后都无法"忍受"，以大幅的亏损离场而去。

散户投资者为何屡战不胜，咎其失败之根源，就是缺少对股票实战理论的系统性理解。《论语》中说："工欲善其事，必先利其器。"有效地武装自己，才能多一份胜算。实践中，散户投资者却是本末倒置，失利之后才明白学习的重要性，之前大都已经付出了高昂的代价。

学习，学习，再学习！或许您已读书万卷，但您听说过"读人"吗？

正如笔者在《量波抓涨停》一书中提到的，由于每个人的经历不同，对理论理解的深度也不同，加之笔者本人对于知识点的描述风格方面的原因，读者难免存在理解上的偏差，那么怎样才能表达出其中的深意，让投资者将量形理论充分发挥到极致呢？这就是笔者提出的"读人"的概念，让读者和作者面对面。

1. 打造真人图书馆，让沟通更畅快

传统的阅读方式下，我们只是拿一本书，然后就可以开始阅读，很多书中的文字、思想难免有晦涩难懂之处，从某种角度而言降低了可读性，读者从书中汲取到的精华也大受限制。

本书的目的在于指点迷津，揭秘股市赚快钱的逻辑，虽然笔者在语言运用方面力求通俗化、口语化，但唯恐读者理解上存在偏差。投资者要想完善自身投资体系，必须提高对理论的理解、

实践、强化能力，方能使自己在股市当中立于不败之地。

　　这里讲的"真人图书馆"，不是讲座，不是学术论坛，也不是领导演讲，而是与笔者"面对面"的实战交流。而本书《量形实战解码》也将会成为读者和笔者沟通的桥梁，打造一个与笔者"面对面"交流的通道。笔者的具体联系方式如下。

技术热线：400-100-5178
明灯微信公众号：ghmd_178148
QQ：401619786　156016708
新浪博客：http://blog.sina.com.cn/ghmdwzf
东财博客：http://blog.eastmoney.com/ghmdwd

2. 课后作业式沟通

　　以下是笔者针对比较典型的案例，进行甄选汇总，希望大家根据学到的量形知识写出自己的分析思路，并和笔者联系。通过沟通学习，勤奋实践，最终达到股市"赚快钱"之目的！

实战案例1：

如图7-1所示为上证指数2015年10月走势图。

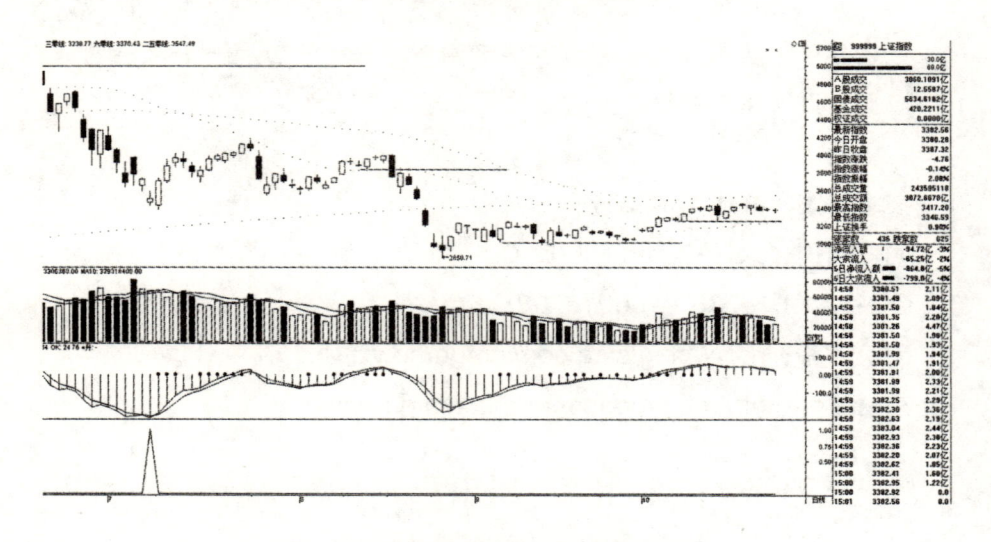

图7-1　上证指数2015年10月走势图

问题：请问运用量形理论怎样研判当前大盘趋势走势？

_____年_____月_____日操盘计划书

投资品种		股票代码	
操盘战法		操盘时间	
是否热点		仓位控制	
买点依据	9：25集合竞价开盘涨幅_____% 9：25集合竞价量比值_____ 预期盈利_____% 预期亏损_____% 技术走势： 明日评级：超强（注：未开板/无四位抛单/为强，反之弱）		
卖点依据			

实战个股总结：

备注：

1. 确定买点依据，静待卖点出现；

2. 严格执行止损止盈纪律。

实战案例2：

如图7-2所示为深振业A 2015年10月走势图。

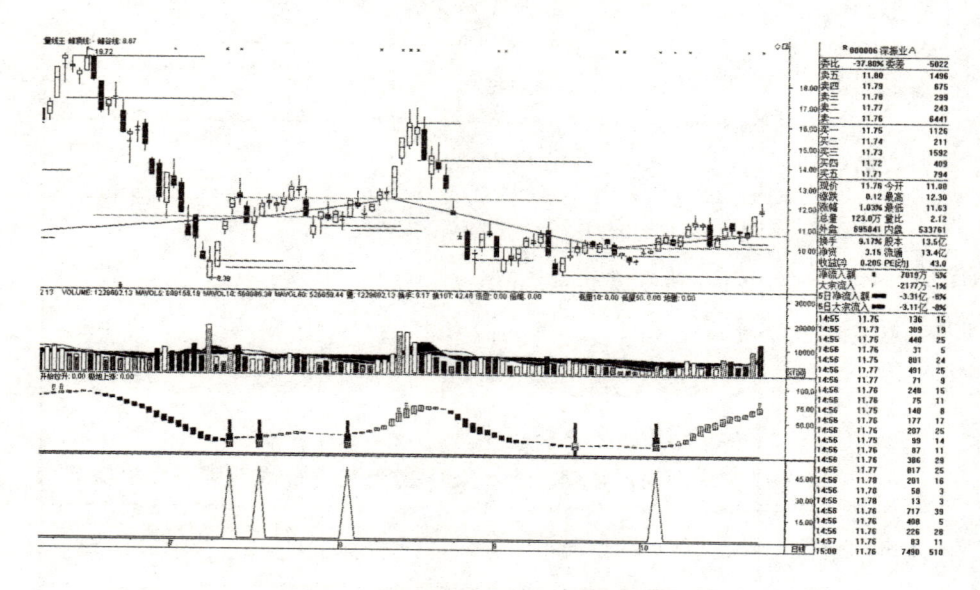

图7-2 深振业A 2015年10月走势图

问题：请问运用量形理论如何确立该股狙击位置以及需要采用的实战战法？

_____年_____月_____日操盘计划书

投资品种		股票代码	
操盘战法		操盘时间	
是否热点		仓位控制	
买点依据	9：25集合竞价开盘涨幅_____% 9：25集合竞价量比值_____ 预期盈利_____% 预期亏损_____% 技术分析： 明日评级：超强（注：未开板/无四位抛单/为强，反之弱）		
卖点依据	开盘10：00前继续涨停，死盯［买一］数量和抛单的大小，决定交易； 开盘10：00左右，无论涨跌于否，立即止盈/止损		

实战个股总结：

备注：

1. 确定买点依据，静待卖点出现；
2. 严格执行止损止盈纪律。

实战案例3：

如图7-3所示为特力A 2015年行情走势图。

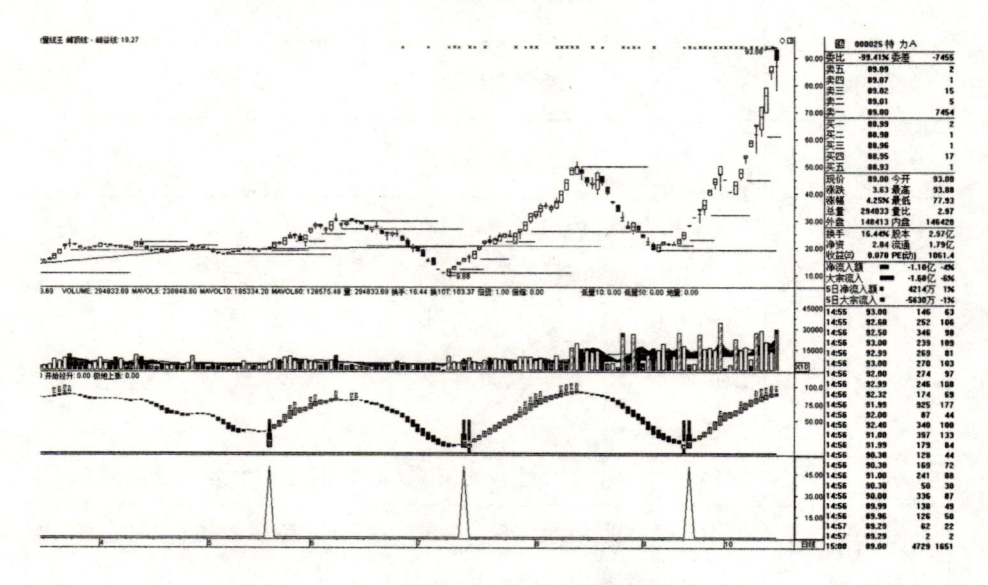

图7-3　特力A 2015年行情走势图

问题：请运用量形理论分析特力A买卖点位置。

_____年_____月_____日操盘计划书

投资品种		股票代码	
操盘战法		操盘时间	
是否热点		仓位控制	
买点依据	9：25集合竞价开盘涨幅_____% 9：25集合竞价量比值_____ 预期盈利_____% 预期亏损_____% 技术分析： 明日评级：超强（注：未开板/无四位抛单/为强，反之弱）
卖点依据	开盘10：00前继续涨停，死盯[买一]数量和抛单的大小，决定交易； 开盘10：00左右，无论涨跌与否，立即止盈/止损

实战个股总结：

备注：

1. 确定买点依据，静待卖点出现；
2. 严格执行止损止盈纪律。

实战案例4：

如图7-4所示为深信泰丰2015年行情走势图。

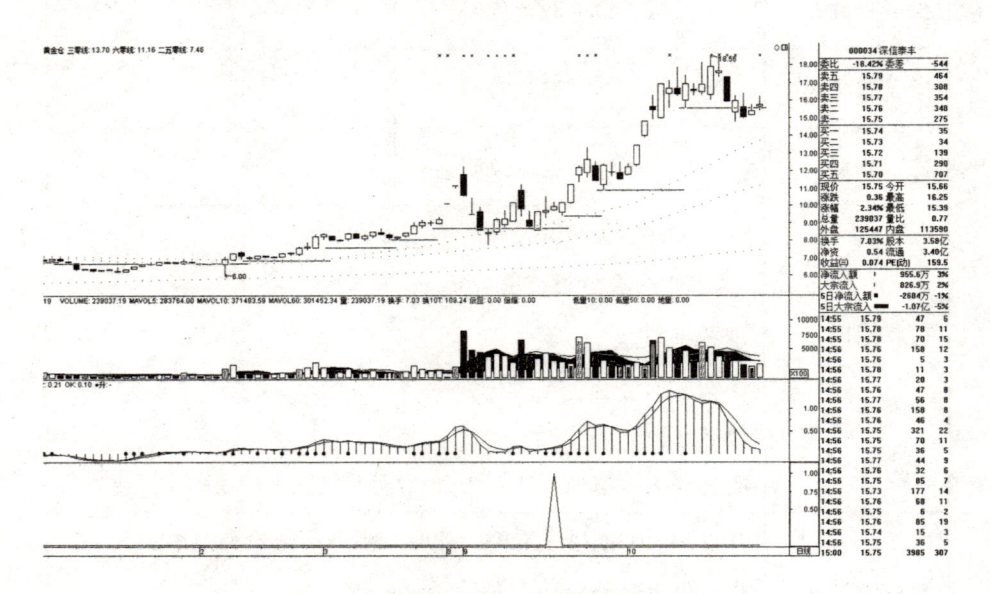

图7-4　深信泰丰2015年行情走势图

问题：请运用量形理论确立该股加速波的起涨位置和止损止盈位置。

＿＿＿＿年＿＿＿＿月＿＿＿＿日操盘计划书

投资品种		股票代码	
操盘战法		操盘时间	
是否热点		仓位控制	
买点依据	9：25集合竞价开盘涨幅＿＿＿＿％ 9：25集合竞价量比值＿＿＿＿ 预期盈利＿＿＿＿％ 预期亏损＿＿＿＿％ 技术分析： 明日评级：超强（注：未开板/无四位抛单/为强，反之弱）		
卖点依据	开盘10：00前继续涨停，死盯［买一］数量和抛单的大小，决定交易； 开盘10：00左右，无论涨跌与否，立即止盈/止损		

实战个股总结：

备注：

1. 确定买点依据，静待卖点出现；
2. 严格执行止损止盈纪律。

量形实战解码

实战案例5：

如图7-5所示为宝安地产2015年行情走势图。

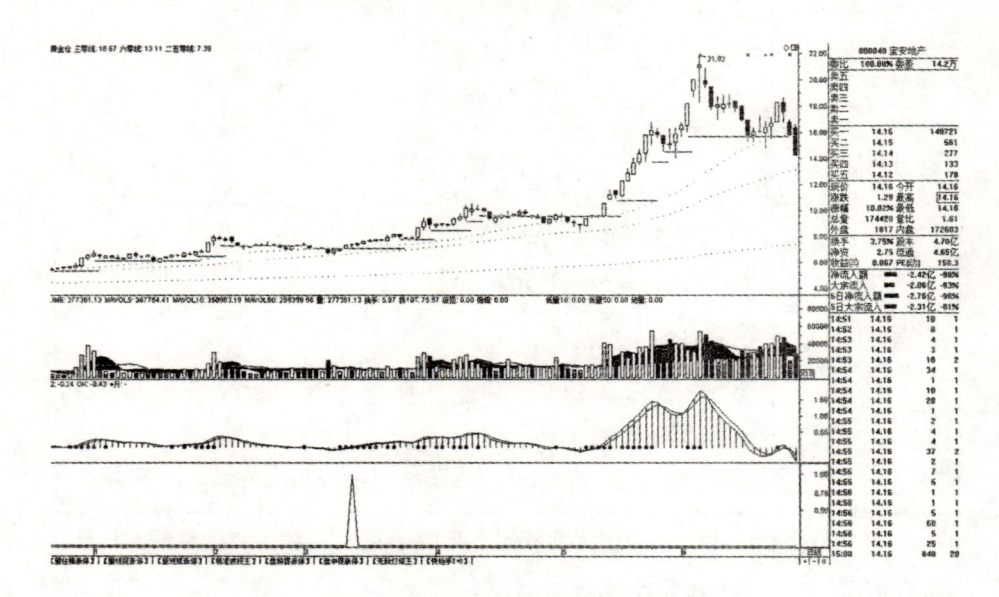

图7-5　宝安地产2015年行情走势图

问题：什么是"叠加黄金仓"？请确认该股"黄金仓"买点和卖点位置。

_____年_____月_____日操盘计划书

投资品种		股票代码	
操盘战法		操盘时间	
是否热点		仓位控制	
买点依据	9：25集合竞价开盘涨幅_____% 9：25集合竞价量比值_____ 预期盈利_____% 预期亏损_____% 技术分析： 明日评级：超强（注：未开板/无四位抛单/为强，反之弱）			
卖点依据	开盘10：00前继续涨停，死盯［买一］数量和抛单的大小，决定交易； 开盘10：00左右，无论涨跌与否，立即止盈/止损			

实战个股总结：

备注：

1. 确定买点依据，静待卖点出现；
2. 严格执行止损止盈纪律。

实战案例6：

如图7-6所示为中信海直2015年10月走势图。

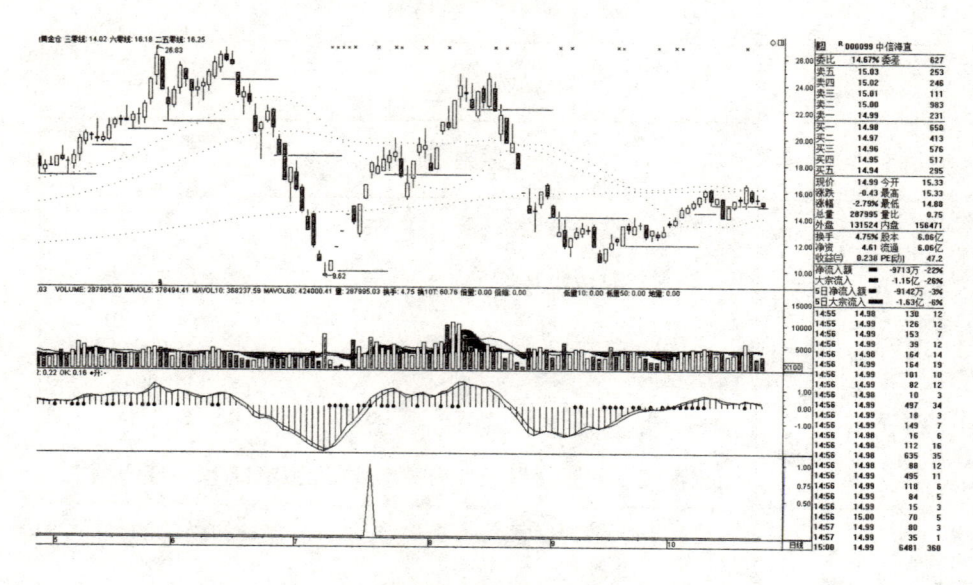

图7-6　中信海直2015年10月走势图

问题：请确认该股当前趋势位置走势，并制订实战操盘计划。

_____年_____月_____日操盘计划书

投资品种		股票代码	
操盘战法		操盘时间	
是否热点		仓位控制	
买点依据	9：25集合竞价开盘涨幅_____% 9：25集合竞价量比值_____ 预期盈利_____% 预期亏损_____% 技术分析： 明日评级：超强（注：未开板/无四位抛单/为强，反之弱）		
卖点依据	开盘10：00前继续涨停，死盯［买一］数量和抛单的大小，决定交易； 开盘10：00左右，无论涨跌与否，立即止盈/止损		

实战个股总结：

备注：

1. 确定买点依据，静待卖点出现；
2. 严格执行止损止盈纪律。

实战案例7：

如图7-7所示为证券板块2015年11月走势图。

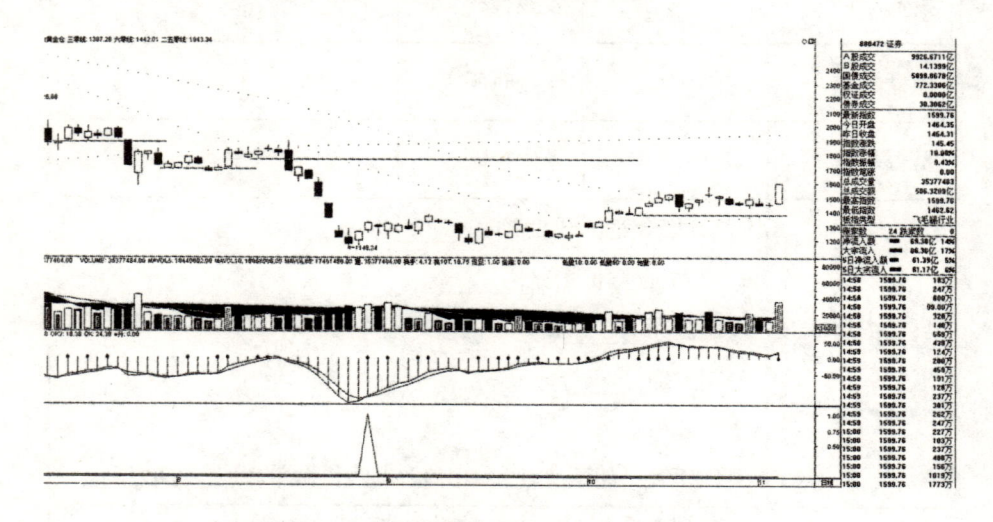

图7-7　证券板块2015年11月走势图

问题：请分析证券板块11月份行情走势并判断出当时板块龙头。

_____年_____月_____日操盘计划书

投资品种		股票代码	
操盘战法		操盘时间	
是否热点		仓位控制	
买点依据	9：25集合竞价开盘涨幅_____% 9：25集合竞价量比值_____ 预期盈利_____% 预期亏损_____% 技术分析： 明日评级：超强（注：未开板/无四位抛单/为强，反之弱）		
卖点依据	开盘10：00前继续涨停，死盯［买一］数量和抛单的大小，决定交易； 开盘10：00左右，无论涨跌与否，立即止盈/止损		

实战个股总结：

备注：

1. 确定买点依据，静待卖点出现；
2. 严格执行止损止盈纪律。

实战案例8：

如图7-8所示为三联虹普2015年走势图。

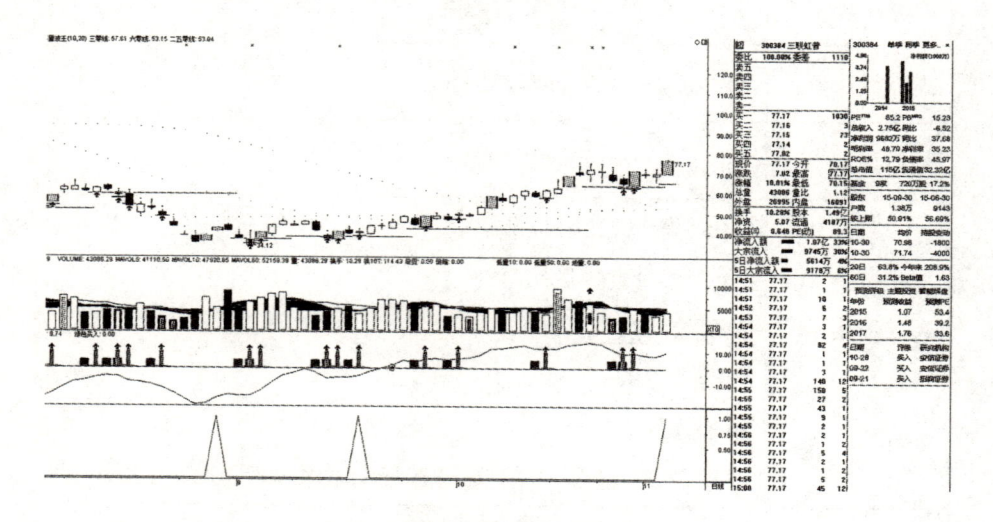

图7-8　三联虹普2015年走势图

问题：请指出三联虹普"黄金仓"战法起涨买点位置。

_____年_____月_____日操盘计划书

投资品种		股票代码	
操盘战法		操盘时间	
是否热点		仓位控制	
买点依据	9：25集合竞价开盘涨幅_____% 9：25集合竞价量比值_____ 预期盈利_____% 预期亏损_____% 技术分析： 明日评级：超强（注：未开板/无四位抛单/为强，反之弱）		
卖点依据	开盘10：00前继续涨停，死盯［买一］数量和抛单的大小，决定交易； 开盘10：00左右，无论涨跌与否，立即止盈/止损		

实战个股总结：

备注：

1. 确定买点依据，静待卖点出现；
2. 严格执行止损止盈纪律。

实战案例9：

如图7-9所示为雪浪环境2015年走势图。

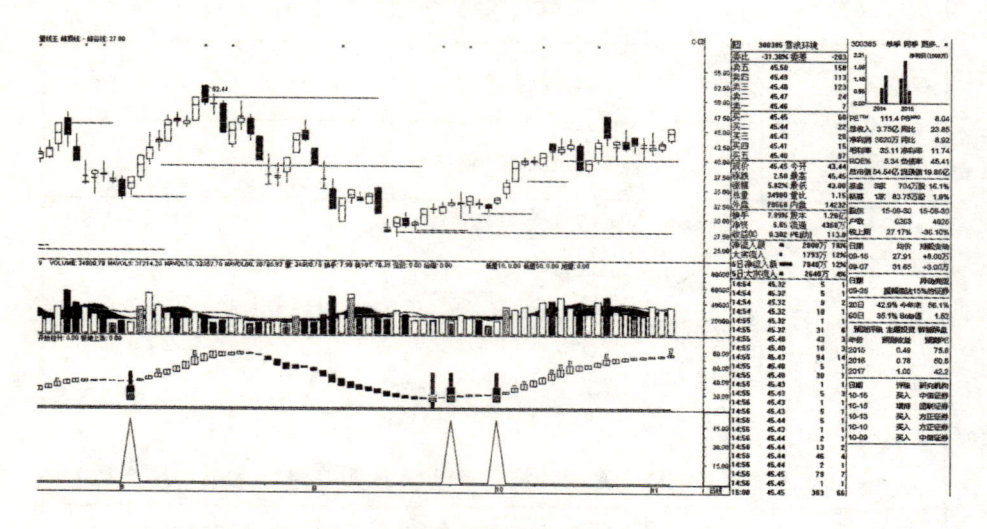

图7-9 雪浪环境2015年走势图

问题：请分析该股"一柱一线一波"战法买点位置。

_____年_____月_____日操盘计划书

投资品种		股票代码	
操盘战法		操盘时间	
是否热点		仓位控制	
买点依据	9：25集合竞价开盘涨幅_____% 9：25集合竞价量比值_____ 预期盈利_____% 预期亏损_____% 技术分析： 明日评级：超强（注：未开板/无四位抛单/为强，反之弱）	
卖点依据	开盘10：00前继续涨停，死盯［买一］数量和抛单的大小，决定交易； 开盘10：00左右，无论涨跌与否，立即止盈/止损	

实战个股总结：

备注：

1. 确定买点依据，静待卖点出现；
2. 严格执行止损止盈纪律。

实战案例10：

如图7-10所示为富邦股份2015年11月走势图。

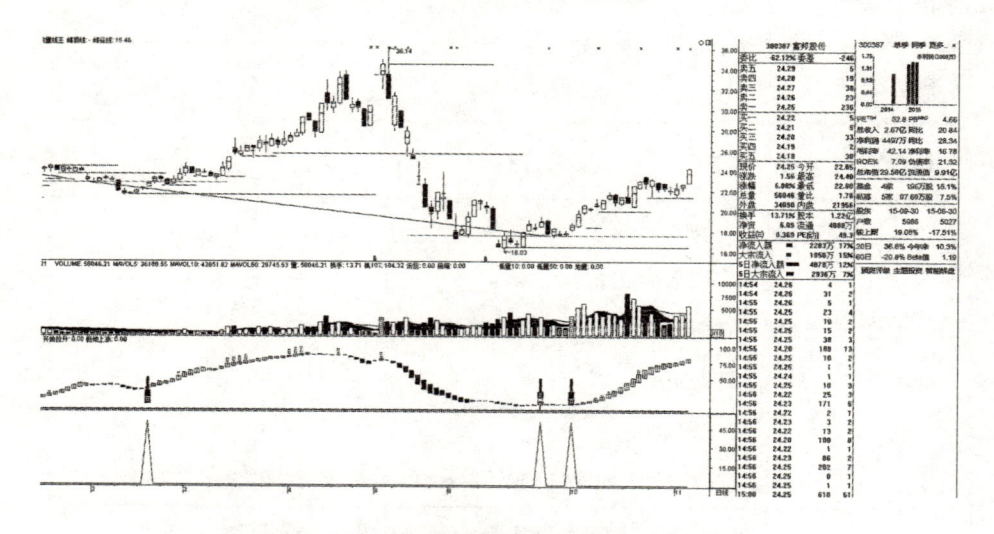

图7-10 富邦股份2015年11月走势图

问题：请深入研判富邦股份的涨幅空间和操作区间。

_____年_____月_____日操盘计划书

投资品种		股票代码	
操盘战法		操盘时间	
是否热点		仓位控制	
买点依据	9：25集合竞价开盘涨幅_____% 9：25集合竞价量比值_____ 预期盈利_____% 预期亏损_____% 技术分析： 明日评级：超强（注：未开板/无四位抛单/为强，反之弱）		
卖点依据	开盘10：00前继续涨停，死盯［买一］数量和抛单的大小，决定交易； 开盘10：00左右，无论涨跌与否，立即止盈/止损		

实战个股总结：

备注：

1. 确定买点依据，静待卖点出现；
2. 严格执行止损止盈纪律。

实战案例11：

如图7-11所示为证券板块2015年11月走势图。

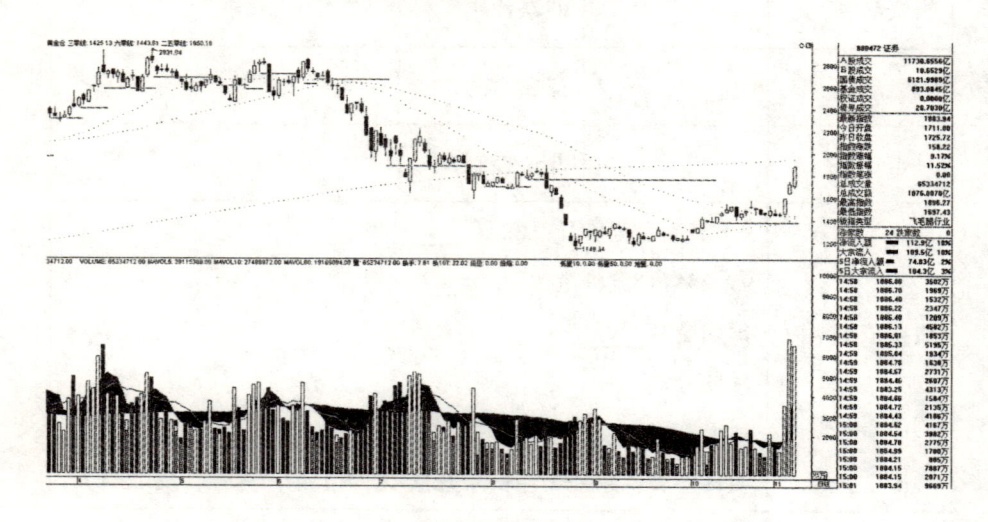

图7-11 证券板块2015年11月走势图

问题：请分析证券板块采取何种战法展开实战狙击。

_____年_____月_____日操盘计划书

投资品种		股票代码	
操盘战法		操盘时间	
是否热点		仓位控制	
买点依据	9：25集合竞价开盘涨幅_____% 9：25集合竞价量比值_____ 预期盈利_____% 预期亏损_____% 技术分析： 明日评级：超强（注：未开板/无四位抛单/为强，反之弱）			
卖点依据	开盘10：00前继续涨停，死盯［买一］数量和抛单的大小，决定交易； 开盘10：00左右，无论涨跌与否，立即止盈/止损			

实战个股总结：

备注：

1. 确定买点依据，静待卖点出现；
2. 严格执行止损止盈纪律。

实战案例12：

如图7-12所示为西部证券2015年11月走势图。

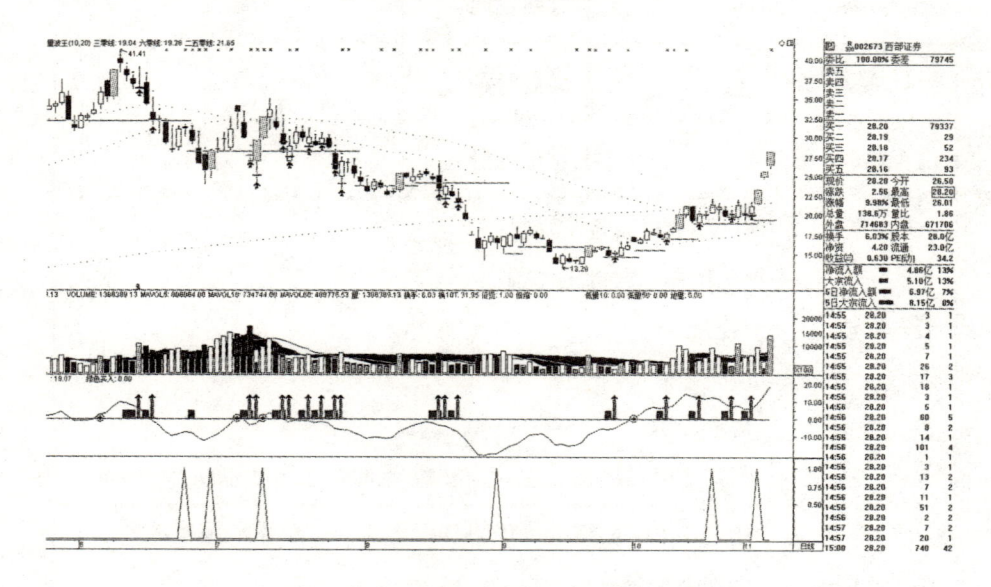

图7-12　西部证券2015年11月走势图

问题：请确定该股的实战狙击位置以及采取的战法策略。

_____年_____月_____日操盘计划书

投资品种		股票代码	
操盘战法		操盘时间	
是否热点		仓位控制	
买点依据	9：25集合竞价开盘涨幅_____% 9：25集合竞价量比值_____ 预期盈利_____% 预期亏损_____% 技术分析： 明日评级：超强（注：未开板/无四位抛单/为强，反之弱）		
卖点依据	开盘10：00前继续涨停，死盯［买一］数量和抛单的大小，决定交易； 开盘10：00左右，无论涨跌与否，立即止盈/止损		

实战个股总结：

备注：

1. 确定买点依据，静待卖点出现；
2. 严格执行止损止盈纪律。

实战案例13：

如图7-13所示为中冠A 2015年行情走势图。

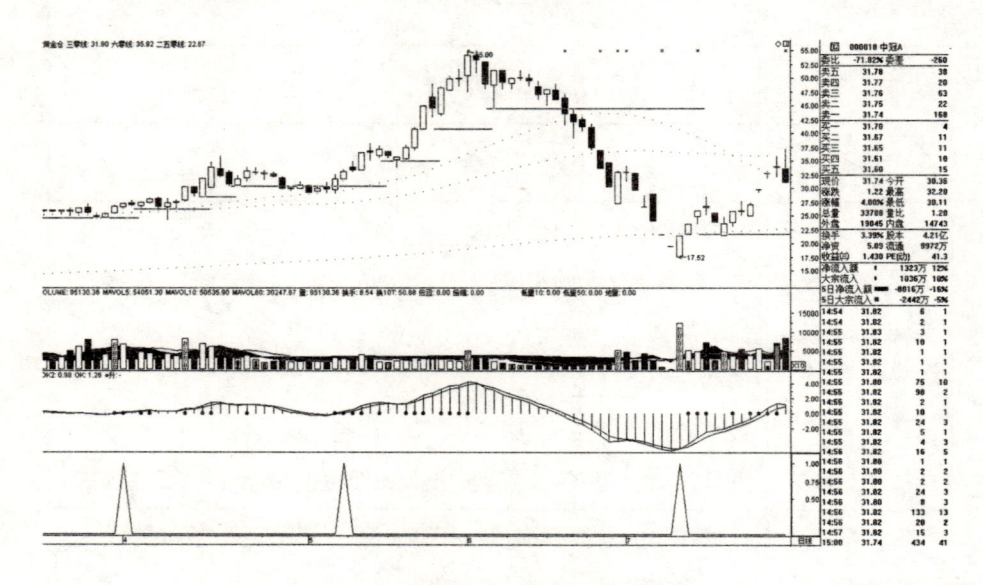

图7-13　中冠A 2015年行情走势图

问题：请用不同战法表述该股实战狙击点位，并制订合理的操盘计划。

_____年_____月_____日操盘计划书

投资品种		股票代码	
操盘战法		操盘时间	
是否热点		仓位控制	
买点依据	9：25集合竞价开盘涨幅_____% 9：25集合竞价量比值_____ 预期盈利_____% 预期亏损_____% 技术分析： 明日评级：超强（注：未开板/无四位抛单/为强，反之弱）		
卖点依据	开盘10：00前继续涨停，死盯［买一］数量和抛单的大小，决定交易； 开盘10：00左右，无论涨跌与否，立即止盈/止损		

实战个股总结：

备注：

1. 确定买点依据，静待卖点出现；
2. 严格执行止损止盈纪律。

量形实战解码

实战案例14：

如图7-14所示为深天地A 2015年行情走势图。

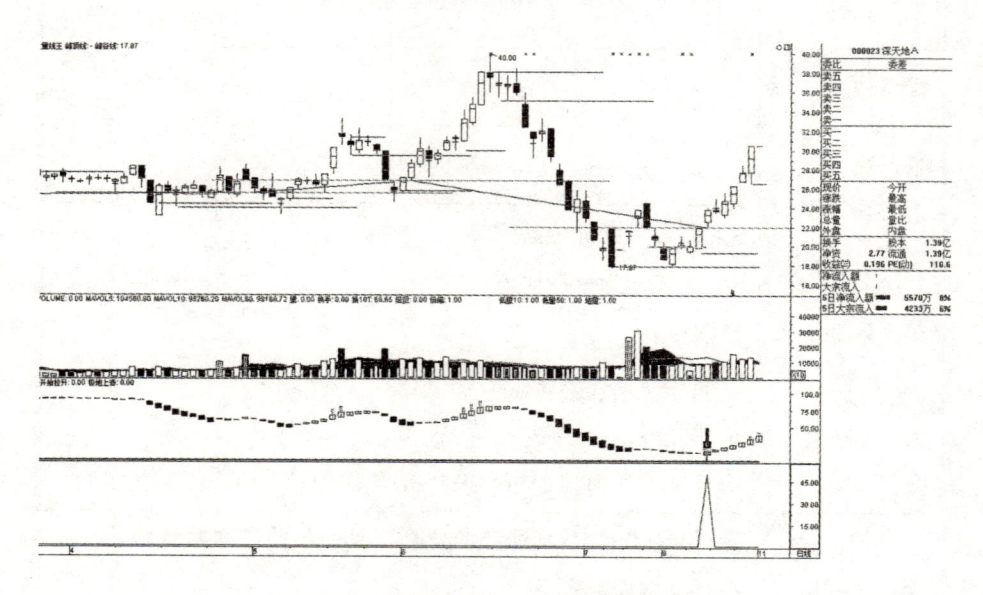

图7-14 深天地A 2015年行情走势图

问题：请测量该股后续涨幅空间，并制订合理的操盘计划。

_____年_____月_____日操盘计划书

投资品种		股票代码	
操盘战法		操盘时间	
是否热点		仓位控制	
买点依据	9：25集合竞价开盘涨幅_____% 9：25集合竞价量比值_____ 预期盈利_____% 预期亏损_____% 技术分析： 明日评级：超强（注：未开板/无四位抛单/为强，反之弱）		
卖点依据	开盘10：00前继续涨停，死盯［买一］数量和抛单的大小，决定交易； 开盘10：00左右，无论涨跌与否，立即止盈/止损		

实战个股总结：

备注：

1.确定买点依据，静待卖点出现；

2.严格执行止损止盈纪律。

实战案例15：

如图7-15所示为飞毛腿交易系统2015年11月6日大盘策略。

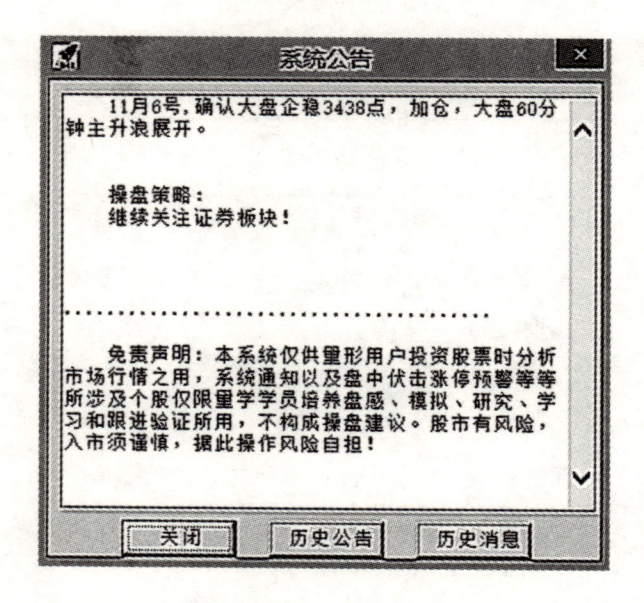

系统公告

11月6号，确认大盘企稳3438点，加仓，大盘60分钟主升浪展开。

操盘策略：
继续关注证券板块！

··

免责声明：本系统仅供量形用户投资股票时分析市场行情之用，系统通知以及盘中伏击涨停预警等等所涉及个股仅限量学学员培养盘感、模拟、研究、学习和跟进验证所用，不构成操盘建议。股市有风险，入市须谨慎，据此操作风险自担！

关闭　历史公告　历史消息

图7-15　飞毛腿交易系统2015年11月6日大盘策略

问题：请结合当时大盘行情走势，对大盘走势进行分析并做出观点研判。

_____年_____月_____日操盘计划书

投资品种		股票代码	
操盘战法		操盘时间	
是否热点		仓位控制	
买点依据	9：25集合竞价开盘涨幅_____% 9：25集合竞价量比值_____ 预期盈利_____% 预期亏损_____% 技术分析： 明日评级：超强（注：未开板/无四位抛单/为强，反之弱）		
卖点依据	开盘10：00前继续涨停，死盯［买一］数量和抛单的大小，决定交易； 开盘10：00左右，无论涨跌与否，立即止盈/止损		

实战个股总结：

备注：

1. 确定买点依据，静待卖点出现；
2. 严格执行止损止盈纪律。

实战案例16：

如图7-16所示为花园生物2015年11月6日分时走势图。

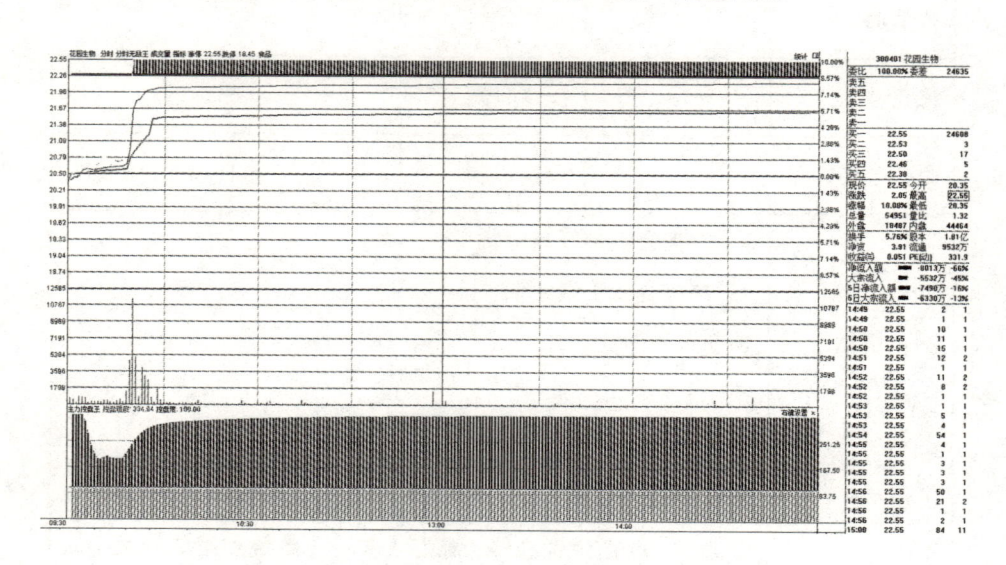

图7-16　花园生物2015年11月6日分时走势图

问题：请根据量形理论判断该股分时走势的趋势拐点。

_____年_____月_____日操盘计划书

投资品种		股票代码	
操盘战法		操盘时间	
是否热点		仓位控制	
买点依据	9：25集合竞价开盘涨幅_____% 9：25集合竞价量比值_____ 预期盈利_____% 预期亏损_____% 技术分析： 明日评级：超强（注：未开板/无四位抛单/为强，反之弱）		
卖点依据	开盘10：00前继续涨停，死盯［买一］数量和抛单的大小，决定交易； 开盘10：00左右，无论涨跌与否，立即止盈/止损		

实战个股总结：

备注：

1. 确定买点依据，静待卖点出现；
2. 严格执行止损止盈纪律。

实战案例17：

如图7-17所示为新联电子2015年行情走势图。

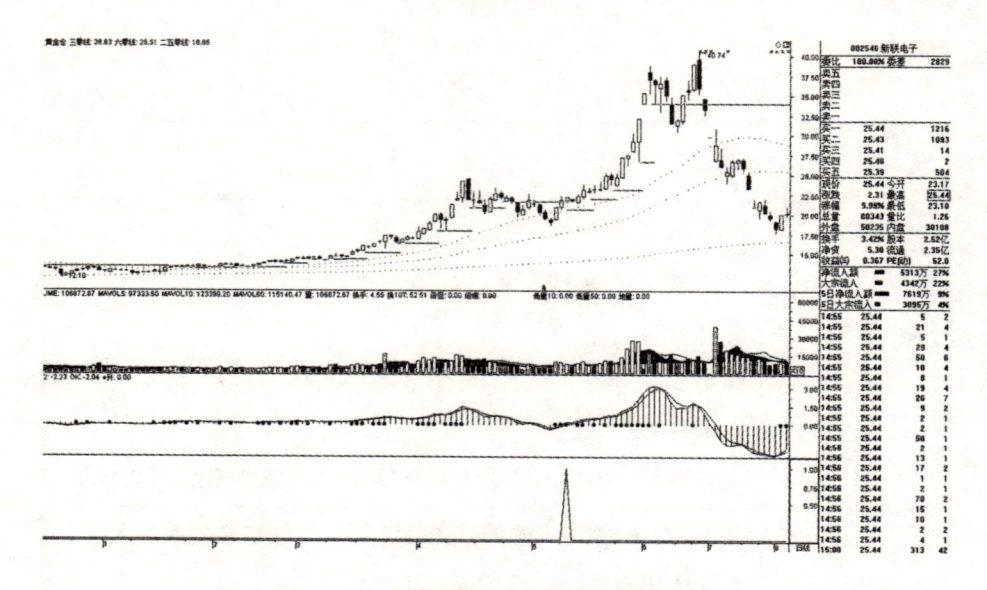

图7-17　新联电子2015年行情走势图

问题：请根据图制订该股的操盘计划并选出买点和卖点位置。

_____年_____月_____日操盘计划书

投资品种		股票代码	
操盘战法		操盘时间	
是否热点		仓位控制	
买点依据	9：25集合竞价开盘涨幅_____% 9：25集合竞价量比值_____ 预期盈利_____% 预期亏损_____% 技术分析： 明日评级：超强（注：未开板/无四位抛单/为强，反之弱）			
卖点依据	开盘10：00前继续涨停，死盯［买一］数量和抛单的大小，决定交易； 开盘10：00左右，无论涨跌与否，立即止盈/止损			

实战个股总结：

备注：

1. 确定买点依据，静待卖点出现；
2. 严格执行止损止盈纪律。

实战案例18：

如图7-18所示为宋城演艺2015年行情走势图。

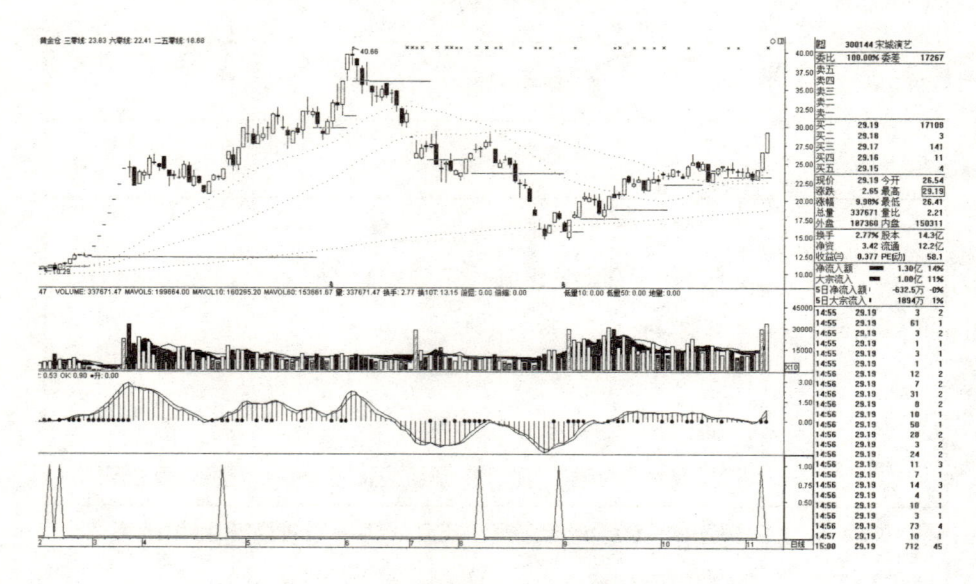

图7-18 宋城演艺2015年行情走势图

问题：请根据所学量形知识分析该股实战战法并制订操盘计划。

_____年_____月_____日操盘计划书

投资品种		股票代码	
操盘战法		操盘时间	
是否热点		仓位控制	
买点依据	9：25集合竞价开盘涨幅_____% 9：25集合竞价量比值_____ 预期盈利_____% 预期亏损_____% 技术分析： 明日评级：超强（注：未开板/无四位抛单/为强，反之弱）		
卖点依据	开盘10：00前继续涨停，死盯［买一］数量和抛单的大小，决定交易； 开盘10：00左右，无论涨跌与否，立即止盈/止损		

实战个股总结：

备注：

1. 确定买点依据，静待卖点出现；
2. 严格执行止损止盈纪律。

实战案例19：

如图7-19所示为海联讯2015年行情走势图。

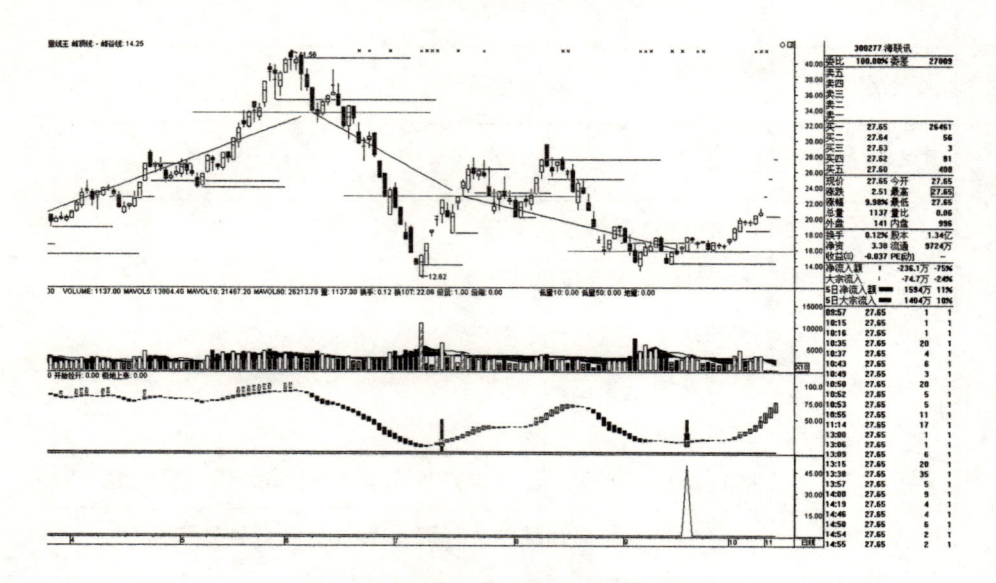

图7-19　海联讯2015年行情走势图

问题：请制订出海联讯操作计划以及止损和止盈策略。

_____年_____月_____日操盘计划书

投资品种		股票代码	
操盘战法		操盘时间	
是否热点		仓位控制	
买点依据	9：25集合竞价开盘涨幅_____% 9：25集合竞价量比值_____ 预期盈利_____% 预期亏损_____% 技术分析： 明日评级：超强（注：未开板/无四位抛单/为强，反之弱）		
卖点依据	开盘10：00前继续涨停，死盯［买一］数量和抛单的大小，决定交易； 开盘10：00左右，无论涨跌与否，立即止盈/止损		

实战个股总结：

备注：

1. 确定买点依据，静待卖点出现；
2. 严格执行止损止盈纪律。

实战案例20：

如图7-20所示为光环新网2015年行情走势图。

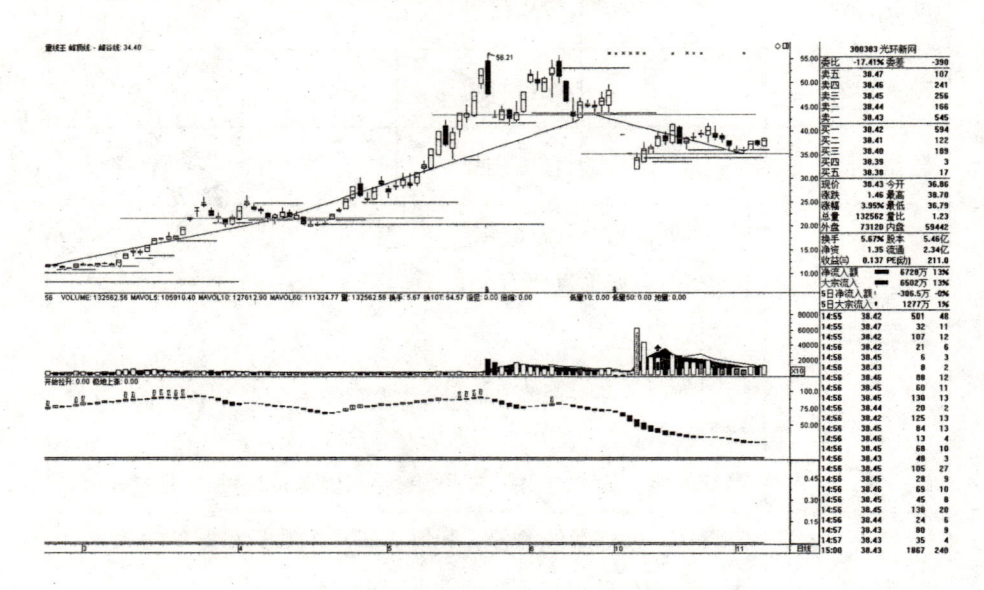

图7-20 光环新网2015年行情走势图

问题：请判断该股的涨幅空间，并分析该股的操作价值。

_____年_____月_____日操盘计划书

投资品种		股票代码	
操盘战法		操盘时间	
是否热点		仓位控制	
买点依据	9：25集合竞价开盘涨幅_____% 9：25集合竞价量比值_____ 预期盈利_____% 预期亏损_____% 技术分析： 明日评级：超强（注：未开板/无四位抛单/为强，反之弱）		
卖点依据	开盘10：00前继续涨停，死盯［买一］数量和抛单的大小，决定交易； 开盘10：00左右，无论涨跌与否，立即止盈/止损		

实战个股总结：

备注：

1. 确定买点依据，静待卖点出现；
2. 严格执行止损止盈纪律。

读者点评

该书作者对市场有着深刻见解，对交易有着超人的智慧。在实战方面，被网友誉为"神一样的操作"。继畅销书《量波抓涨停》之后，作者在"量柱、量线、量波"基础之上进一步对理论进行升华，为投资者提供了一套更系统、更实用的实战方法，可谓量形理论的创始之作。

在量学理论、量形理论的实战推广方面，该书作者功不可没，特别是与之配套的《飞毛腿》交易系统在实战获利以及"伏击涨停"方面更有其独到之处。祝贺股海明灯团队越做越好！

长江后浪推前浪，一浪更比一浪强，飞毛腿软件是量柱量缓宝，战理论的完美体现

西山居书于北京

西山居士

该书作者有多年金融行业从业经验，对金融行业的熟识是应对复杂市场环境的基础，学生遍布全国各地。由于作者有着多年的实战经验和对市场的深入研究，通过量形理论很好地诠释了股市的风云变幻，并准确地研判了每一波涨跌，尤其是股市大幅震荡的提前把握以及其提出的不做选择题、每天盘前一票"伏击涨停"的准确度之高，可谓奇迹。

　　通过对该书的拜读，感觉书中提到的简单实用的"战术战法"非常经典。建议广大投资者认真理解并在实战中加以运用，相信该书能够为广大投资人带来不一样的感受，同时为您的投资成功助一臂之力！

祝程峰

北京华程伟业科技有限公司　董事长

座右铭：真诚对世界，乐观看人生！

股市不创造价值，我们财富的增值来自对方的失误。本书作者以独特的视角、中肯的态度、通俗易懂的语言生动地描述了量形实战获利技巧。看对不赚钱，做对才盈利，作者反复强调我们来到这个市场就是要赚钱，掌握实战暴利区间的正确方法，最终转化为一种本能。

《量形实战解码》深入诠释了股市实战的真谛，是一本不可多得的实战教程。

刘先生
深圳股海明灯网友

古人云："取法其上，得乎其中；取法其中，得乎其下。"股票书籍看了不少，但是最受益的还是吴老师的作品，从《量线出击》《量波抓涨停》，到现在的《量形实战解码》以及《飞毛腿》交易系统的实战运用，可谓典范之作。

　　我从2015年3月份开始，跟随吴老师分别操作了《飞毛腿》预警的世联行（002285）和永艺股份（603600），回头看来，节奏完全在吴老师掌控之中，特别是针对永艺股份目标价格97元（第一目标）至135元（第二目标），真可谓是"神"一样的操作。

张先生
北京股海明灯网友

我与吴老师相识、相知到合作多年，一直关注吴老师的博客、微信，他对行情趋势准确的研判以及略带幽默的表达方式，形成了独特的吴氏风格。吴老师的书籍和他对股市的点评通俗易懂，具有很强的实战性。

　　万源达财务有限公司长期以来从事财务管理工作，一直与吴老师在股票投资方面有着深入的合作。本书深入揭示了股价上涨的原动力，说明了"赚快钱"的本质。《量形实战解码》能够让迷茫的投资者准确地把握股票的趋势，抓住股票的最佳买卖点，可以说，这是一本对中小投资者而言最具实战价值的教科书。

董丽丽

北京万源达财务有限公司

后 记

经过一年左右的时间,《量形实战解码》终于完稿了,期间我将著书立说的过程和实践操盘过程实现同步,"从操盘实践提炼真知灼见",这也反复证明了"理论和实践"是相通的。"感恩的人生才懂得付出;感恩的人生才明白富贵。"在这里首先要感谢多年来西山大师的耐心指导和无私帮助,同时也非常感谢股海明灯论坛众多网友的鼓励和支持。

俗话说:"无风不起浪"。任何市场都没有无缘无故的涨,也没有无缘无故的跌,涨跌之前,量形一定有迹可循。西山大师说过,"牛熊通吃,持续获利的秘诀"就是对"量形理论"的实战把控,研究量形才是研究涨跌的根本。没底不涨,有顶必跌,这是铁律。只要找到股市"胜律"的东西,并且尊重规律,就可以少走很多弯路。否则,即使你对所有的证券专著都了如指掌,甚至对某些重要章节倒背如流,也无济于事。

早年在同西山大师学习波浪理论期间,老师常言"弟子不必不如师,师不必贤于弟子;闻道有先后,术业有专攻",含有"能者为师"和"教学相长"的意思,不外乎是对笔者的鼓励。笔者认为本书的主要贡献,是让投资者从抽象繁杂的理论当中解放出来,为大家指明了一条正确的路,展示了一种"赚快钱"的方法,使投资者不仅有章可循,而且可以根据客观情况的变化而加以变通,避免了对理论死板僵化地运用。

　　书已经写完，但是我们的工作并没有停止。我要带领我们的读者们分享书中的成果，我们最高的目标不是最高的收益，而是在实现高收益的同时，使获利成为可持续。我不能像某些股评家那样信口开河——对了，归功于自己；错了，让时间去淡忘。作为股市实战家，最实在的是赚钱，我们需要的是真功夫！我坚信《量形实战解码》一书一定会助有缘的投资者在股市生存下来，并笑傲股市。

　　需要参加培训或者想提建议的朋友，可以和我们联系（技术服务电话：400-100-5178），技术验证请添加我们的微信公众号：ghmd_178148。希望投资者通过对量形理论的学习，达成股市"赚快钱"之实战效果，也借此回报这么多年来一直默默支持我们的读者！

2016年1月1号于清华园

图书在版编目（CIP）数据

量形实战解码 / 吴振锋著. —北京：中国书籍出版社，2016.3
ISBN 978-7-5068-5377-4

Ⅰ.①量… Ⅱ.①吴… Ⅲ.①股票市场—研究—中国 Ⅳ.①F832.51

中国版本图书馆CIP数据核字（2016）第017903号

量形实战解码

吴振锋　著

策划编辑	安玉霞
责任编辑	安玉霞
责任印制	孙马飞　马　芝
封面设计	中尚图
出版发行	中国书籍出版社
地　　址	北京市丰台区三路居路97号（邮编：100073）
电　　话	（010）52257143（总编室）（010）52257140（发行部）
电子邮箱	chinabp@vip.sina.com
经　　销	全国新华书店
印　　刷	北京墨阁印刷有限公司
开　　本	710毫米×1000毫米　1/16
字　　数	160千字
印　　张	14
版　　次	2016年3月第1版　2016年3月第1次印刷
书　　号	ISBN 978-7-5068-5377-4
定　　价	45.00元

版权所有　翻印必究